思想者先行……

悲情萧红

高维生

Gao Wei Sheng

团结出版社

图书在版编目（ＣＩＰ）数据

悲情萧红 / 高维生著. —北京 ： 团结出版社，2013.3
ISBN 978-7-5126-1703-2

Ⅰ．①悲… Ⅱ．①高… Ⅲ．①萧红（1911～1942）－人物研究 Ⅳ．①K825.6

中国版本图书馆CIP数据核字(2013)第055610号

出　版：团结出版社
　　　　　（北京市东城区东皇根南街84号　　邮编：100006）
电　话：（010）65228880　65244790　（出版社）
　　　　　（010）65238766　85113874　65133603（发行部）
　　　　　（010）65133603（邮购）
网　址：http://www.tjpress.com
E-mail：65244790@163.com（出版社）
　　　　　fx65133603@163.com（发行部邮购）
经　销：全国新华书店
印　装：三河市东方印刷有限公司

开　本：170×240 毫米　　　1/16
印　张：14.75
字　数：212千字
印　数：7000
版　次：2013年5月　第1版
印　次：2013年5月　第1次印刷

书　号：978-7-5126-1703-2/K·844
定　价：28.00元

人的一生就是秘密，是处于诞生和弥留之间的谜语式插曲，从睁开两眼到闭目归去一直如此。

——维克多·雨果

人一旦发觉受苦即是他的命运，就不能不把受苦当传做他的使命——他独特而孤单的使命。他必须认清：即使身在痛苦中，他也是宇宙间孤单而独特的一个人。

——维克多·弗兰克

艺术作品总是诞生于冒着危险的人，到达一种经验尽头的人，这一尽头是没有人能够超越的极点。一个人越是行进得远，生命就越是特别，越是有个性，越是独一无二。

——莱纳·玛利亚·里尔克

目 录

01

02

用散文的方式抒写萧红

高维生

闷热的下午，一阵阵雷声中，鲁北平原迎来一场大雨，给燥热的夏天送来湿润的气息。

2012年，对于我是特殊的一年，今年我整好五十岁。"伯玉年五十，而有四十九年非。"知非之年，也是对人生总结的时候了，从童年走到这个年龄，人愿意在回忆中度过每一天。萧红一直是我喜爱的作家，尤其女性作家中，这么令人敬畏的不是很多。我在一张照片上认识萧红，从此走进她的世界里，为她写一本书是多年的愿望，今天终于实现这个愿望。

几个月的写作，从初春来到盛夏，不管窗外的季节怎样变化，在文献资料中行走。嗅着时间中的气味，重新阅读萧红的作品，在呼兰河边看河灯，听冯歪嘴子的梆子声，闻到祖父身上散发的玫瑰花味。2011年9月，我登上列车，去看萧红的呼兰河。一路挂满旅尘，心情却和往日的旅途不一样。我在后花园里，看到秋天的植物，阳光下修复的故居，听萧红的笑声穿越时空。萧红的爱是大爱，恨是大恨，充满温暖的情怀。她像一个孩子，脸贴故乡的土地上，呼吸泥土的气息。

萧红在文坛上热了又冷，冷了又热，寂寞和她形影不离，不是什么人都能读懂的。我放下手头所有的工作，只有一本埃里希·弗罗姆的

《逃避自由》相伴，度过写作的日子。萧红是原生的创作者，她不会拉开架子大放议论，点评人生的苦难。萧红的主题如同蔓延的野草，一层层的丰富，她所写的人，不是停留物质的生与死，而是关注灵魂的归宿地，对人性深刻的感触，并不是每个作家都有的。美国哲学家A.J.赫舍尔，在关于人的问题时说："他并不寻找自己的起源，而在寻找自己的命运。"

我从写作者的角度，以散文化来描述她，去感受萧红生命的过程，而不是按编年史的方法，排列她一生的历程，钩沉一些历史中遗忘的往事，加上现代"味精"的提味。关于萧红作品研究汗牛充栋的当今，我以个人的解读，回归文学叙述的本身。萧红作品中人物闪现的东西，每一段文字的描写，意象里流淌的苦难的基因，这是我所关注和诠释的。

为一个人写传记，是一件艰难的事情，我不想书章地记录传主一生的经历，而是寻找资料中蕴含的历史和心理的意义。我是一个写作者，对萧红生命中的某一阶段的经历感兴趣，并试图通过一些细节，走进她人生的脉络中。这不是一本研究的专著，也不是有头有尾的传记，我是从自己的感觉和体悟出发，去塑造所理解的人，还原女作家的文学生命，与已逝的灵魂对话，从纸堆里摆脱出来。我不囿于史料的编排，阅读一个经过苦难磨粝人的作品，才懂得笔下小人物的真诚、可爱、深刻，明白故乡的含义。浪迹者在遥远的异乡，生命的最后一段时间，带着强烈的爱与恨，在凄美的回忆之中，记下小城人的生存状态。林贤治写完《漂泊者萧红》，他在后记中感慨地指出："逝者如斯，时间的迁流是无情到了极点的，往昔已无由复制，所以，传记之作，即使再谨严，再丰实，最多也只能视作后人的一种感怀而已。灿烂的生命如今零落成泥，即使绘得当年的些许影迹，便能重播其内质的芳馨吗？"林贤治选择"无情""零落""灿烂""芳馨"，短暂的一段话中，用反差的词语，逼进阅读者的视野中。

萧红是一个值得尊敬和感激的作家。

窗外雷声滚动，一阵急骤的雨，淋湿干渴的土地。我走出萧红的世界，写下一点纪念的文字，也是为了回忆。

　　这些文字，是我多年阅读的积累，早已在心中形成一条丰富的河流，只是找到最佳的角度，将它们引入纸的土地上。

　　这本书的写作，是我生命中一段重要的经历。

　　调子灰旧的雨天，写下总结的文字，情感中不免有一些忧郁的漂游。

2012年6月7日　于抱书斋

上 篇

我将离开，我将远行

一件童年的小事

这是童年的一件小事，多少年以后，萧红看到洋车时，回忆起过去的一些经历。

萧红还是小孩时，她的祖母经常去街里买东西。当时她家所在的位置并不是城外，只不过是住的地方稍偏一点。有一天祖母又要上街，她瞅了一眼萧红，拿出长辈的口气，下达命令地说："叫你妈妈把斗风给我拿来！"

萧红在祖父的宠爱下，过于娇惯和任性，她觉得祖母说话好玩，便有意让舌头缩短一些，发出的音不一样了，管斗篷叫做斗风，祖母很少有这样的好心情，她反而学萧红说话不清楚的样子，故意将风字拉得长长的。

祖母知道萧红贪玩，一直想要个皮球，每次出门"进街"时，便故意地逗她说："你要些什么呢？"

"我要皮球。"

"你要多大的呢？"

"我要这样大的。"

萧红两手比划，张开双臂，在空间画了一个大皮球，她天真的样子，逗得一家人开怀大笑。祖父在一旁，动了几下嘴唇，好像要责备萧红，为她刚才不应该胡乱说话，但她的表演充满童真趣，让祖父笑得气消了。祖母穿着斗篷，在烟囱的背后消失，高兴地离开院子的大门。过了大半天，等她回来的时候，连个皮球的影子也不带回来。每一次都是这样，时间久了，萧红干脆就不问："我的皮球呢？"祖母的许愿变成为她的不满意。

一般的情况下，祖母回来时都是坐马车，但那一天却不是这么回事。她待在铁壳的小槽子里，两侧装有大车轮，从远处轻快地跑来，一直开到房门前。萧红不相信自己的眼睛，"在前面挽着的那个人，把祖母停下，我站在玻璃窗里，小小的心灵上，有无限的奇秘冲击着。"这种神秘使萧红不安起来，她担心祖母憋里面出不来，她是被别人骗进去的，还是自己进槽子里的呢？想起来有些害怕，突然有失去她的感觉。萧红脸贴玻璃上，压扁的鼻子，呼吸起来不舒服。她"踅摸"一条缝隙，这样可以打开玻璃，让祖母从槽子里出来。

萧红纠结的时候，透过玻璃看到"祖母从口袋里拿钱给那个人，并且祖母非常兴奋，她说笑着，斗篷几乎从她的肩

青年萧红

张家杂货铺商号，曾经富甲一方的张氏家族，在萧红祖父一代家道开始中落。

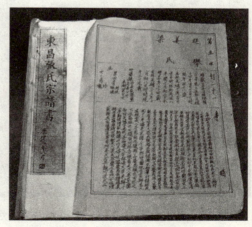
修撰于1935年8月的《东昌张氏宗谱书》

3

故乡一景

萧红故居的灶台

祖母穿着斗篷在烟囱的背后消失,高兴地离开院子大门。

上脱溜下去！"萧红选择感叹号，结束这段的文字，这一个符号非常复杂，集合她所有的情感，铁壳槽子的出现，敲碎大院的平静，也敲碎童年的生活。

"呵！今天我坐的东洋驴子回来的，那是过于安稳呀！还是头一次呢，我坐过安稳的车子！"

祖父年龄大了，出门见过一些世面，他和萧红不一样，他看过"东洋驴子"，萧红的母亲也无什么新奇的神情。一群人中只有萧红兴奋，头顶玻璃上观望，祖母不知拨弄什么，打开大豁口走出来，萧红眼看"东洋驴子"从门口跑走。

斗篷摆在炕中间，好像展示得到的快乐，祖母一边述说街头的见闻，话语中有些自豪。这个新奇的"东洋驴子"，弄得萧红丢魂一般，她对于斗篷不再感兴趣了，祖母"谝示"什么，她无心思再听下去。萧红后来说："就是给我吃什么糖果之类，我也不会留心吃，只是那样的车子太吸引我了！太捉住我小小的心灵了！"

童年是萧红创作的源泉，也是她心灵牵挂的地方，德国哲学家狄尔泰指出：

任何一种生命都具有它自己的重要意义。这种重要意义存在于某种意义的脉络之中——就这种脉络意义而言，人们所能够记住的任何一个时刻都具有某种内在固有的价值，而且，在记忆所具有的脉络之中。它也与这个整体所具有的重要意义是非常独特的，因此，通过知识是不能透彻地了解这种重要意义的；然而，它就像莱布尼茨所说的某个单子那样，以它自己的方式代表这个具有历史性的宇宙。①

随着年龄的增长，对人生的认识发生改变，萧红对过去生活的回忆越来越强烈，这种记忆具有重大的意义。它不是生活复制的再现，而是触向人性的深处。萧红拈开时间的一角，让呼兰河小城过去的日

---

① ［法］狄尔泰著：《历史中的意义》，第30页，南京：译林出版社，2011年版。

子，带着原生的气息涌来。

忙碌一天的人们，夜晚终于放松下来，邻居刘三奶奶来串门，找祖母解闷闲唠嗑。萧红先抢占桌边的位置，做出一副神情专注的样子，咬起小嘴唇，仿佛这样能听懂大人们唠的事儿。祖母为说"合炉儿"话，她讲起在街上的见闻，和一路坐"东洋驴子"的感觉。大院外的一些新鲜玩意，不用亲眼看到，听人讲一讲大开眼界。萧红简直被迷住，她对于一些事情不理解，听起来十分费力。

"……那是可笑，真好笑呢！一切人站下瞧，可是那个乡下佬还不知道笑自己，拉车的回头才知道乡巴佬是蹲在车子前放脚的地方，拉车的问：'你为什么蹲在这地方？'"

"他说怕拉车的过于吃力，蹲着不是比坐着强吗？比坐在那里不是轻吗？所以没敢坐下……"

邻居的三奶奶，笑得几个残齿完全摆在外面，我也笑了！祖母还说，她感到这个乡巴佬难以形容，她的态度，她用所有的一切字眼，都是引人发笑。

"后来那个乡巴佬，你说怎么样！他从车上跳下来，拉车的问他为什么跳？他说：若是蹲着吗？那还行。坐着，我实在没有那样的钱。拉车的说：坐着，我不多要钱。那个乡巴佬到底不信这话，从车上搬下他的零碎东西，走了。他走了！"

我听得懂，我觉得费力，我问祖母："你说的，那是什么驴子？"

她不懂我的半句话，拍了我的头一下，当时我真是不能记住那样繁复的名词。过了几天祖母又上街，又是坐驴子回来的，我的心里渐渐羡慕那驴子，也想要坐驴子。

过了两年，六岁了！我的聪明，也许是我的年岁吧！支持着我使我愈见讨厌我那个皮球，那真是太小，而又太旧了；我不能喜欢黑脸皮球，我爱上邻家孩子手里那个大的；买皮球，好像我的志愿，一天比一天坚决起来。

7

　　向祖母说，她答："过几天买吧，你先玩这个吧！"

　　又向祖父请求，他答："这个还不是很好吗？不是没有出气吗？"

　　我得知他们的意思是说旧皮球还没有破，不能买新的。于是把皮球在脚下用力捣毁它，任是怎样捣毁，皮球仍是很圆，很鼓，后来到祖父面前让他替我踏破！祖父变了脸色，像是要打我，我跑开了！

　　从此，我每天表示不满意的样子。

　　祖母是一个大人，说话不算数，萧红对此极其不满意，生出一种反叛的情绪。夏日晴朗的一天，她戴着小草帽，偷偷地溜出家门，去买期盼已久的新皮球。萧红从未独自离开过家，只是凭记忆去母亲领她到过的铺子。走出不远的时候，她心里弥漫很多的快乐，观察路两边的模样，将前后的方位记清楚。萧红知道是向北走，过了一会儿，意识中的院子一样，店铺的一些招牌，差不多的样子，行人的脸都不认识，马车一阵风似的跑过去。萧红不停地走，她不知道走多远，疲惫地移不动步，那家铺子怎么还不到。萧红害怕了，想快点赶回到家里，皮球对于她不那么重要了，也不想买皮球了，但是归家的路在何方，脑子里一片乱糟糟的。萧红转身寻找，自己从哪一条路来的？家又在哪个方向？她焦虑得不知该如何走。

　　萧红打小犟，危险已经降临，站在街心一片茫然。她并不是号啕大哭，而是向天空望去，如果找到太阳的方位，就能辨出家在哪里。在家时她常看到父亲"拿指南针看看太阳就知道或南或北吗？"当时萧红在一旁，注意到太阳悬挂街的中间，别的她闹不明白了。萧红只顾趸摸太阳，没有注意脚下的路，不小心被绊一下，跌在阴沟板上。

　　"小孩！小心点。"

　　一辆马车从身边跑过，嗒嗒的蹄声，敲得萧红心神不定，她想询问车夫，家在什么地方，但很快地跑过去了。

　　萧红忙问一个路旁的人："你知道我的家吗？"

　　萧红神色慌张，车夫一眼看出她的心事，知道小家伙迷路，找不到家在哪里了。车夫跑向路的另一边，扯过车子来，萧红看他的车子，

《呼兰河市井风情图》局部

如今的呼兰河

知道他是"洋车夫"，他不用问就知道，还笑呵呵地说："走吧！坐车回家吧！"

筋疲力尽的萧红，终于有了希望和寄托，笨拙地攀上车子，车夫和她搭话地说："小姑娘！家在哪里呀？"

萧红犹豫地说："我们离南河沿不远，我也不知道哪面是南，反正我们南边有河。"

车子平稳地跑，闪过的房屋建筑似曾相识，又分不清走到那里，她紧张的心放下来，每往前一步，离家近了一截。风掠过耳边，萧红刚才走的路太多，此时坐下来，到有闲心望着沿路的景象。可是人心变化太快，她一想到自己未买成皮球，也找不到家了，犯下这么大的错误，如果母亲知道后，绝对不会轻饶。祖母答应买皮球，却一次次使萧红受骗上当，这种感觉使她失望。她又想到那天，祖母坐"东洋驴子"的情境，决定试一下，坐这样的洋车，总不能和个乡巴佬一样，要有吸引人的姿势，引起人们的赞美声。萧红从座位滑下来，她还没有蹲稳时，车夫不知她要做什么，困惑不解地问道："你要做什么呀？"

萧红高兴地说："我要蹲一蹲试试，你答应我蹲吗？"

车夫看萧红蹲在放脚的地方，于是他滑稽地做了一个鬼脸，找不着回家路的心情，此时消失得无影无踪，车夫一边唠叨地说："倒好哩！你这样孩子，很会淘气！"

车子缓慢下来，萧红来不及注意，街上有无行人看她，车子来到红门楼前，她知道到家了。

萧红不肯站起来，她准备给祖母意外的惊喜，就像她那天回来时的样子。车子拉进院子中间，萧红蹲车厢里不说话。祖母一脸笑意地跑出来，祖父也是乐呵呵的，短暂的分离使他们有一种久别的亲切。萧红终于来劲了，她怕他们不明白自己的举动，便用尖锐的声音嚷道："看我！乡巴佬蹲东洋驴子！乡巴佬蹲东洋驴子呀！"

听到萧红兴奋的叫嚷声，母亲从屋子里冲出，不是后怕中的疼爱，却是破口大骂，疯狂地扑过来，仿佛抓小鸡的样子。萧红偷着上街，不和大人们打招呼，造成家中的一场虚惊，她做的事情太过分了，这顿打躲不过了。

车夫停下洋车，萧红琢磨对付母亲的办法，猝不及防地滚下来，她顾不上疼痛和跌坏没有。祖父见此情景，怒气升起来，他挥舞拳头，追打车夫，不时地说车夫欺负小孩。车夫蒙受冤屈，家里人不给一分钱，又遭到众人的围攻。

车夫受伤害的背影，储存萧红童年的记忆中。以后和祖父在一起，不论怎么疼爱她，总有一层隔膜。萧红一直不理解，车夫的心多么善良，不是他把她送回家里，她不知道要丢那里去了，人家得不到好报，还被打一顿，有一次萧红实在忍不住地问：

"你为什么打他呢？那是我自己愿意蹲着。"

"有钱的孩子是不受什么气的。"祖父斜眼瞅她一下，然后不说话，谁也不搭理谁了。

1919年8月，母亲姜玉兰病故。幼年的萧红无忧无虑，还在后花园享受和祖父在一起的生活，《呼兰河传》就是回忆那时的生活。她敬爱的精神之父——鲁迅先生，写下对童年的记忆：

我从乡下跑到京城里，一转眼已经六年了。其间耳闻目睹的所谓国家大事，算起来也很不少；但在我心里，都不留什么痕迹，倘要我寻出这些事的影响来说，便只是增长了我的坏脾气，——老实说，便是教我一天比一天的看不起人。

但有一件小事，却于我有意义，将我从坏脾气里拖开，使我至今忘记不得。

这是民国六年的冬天，大北风刮得正猛，我因为生计关系，不得不一早在路上走。一路几乎遇不见人，好容易才雇定了一辆人力车，叫他拉到S门去。不一会，北风小了，路上浮尘早已刮净，剩下一条洁白的大道来，车夫也跑得更快。刚近S门，忽而车把上带着一个人，慢慢地倒了。

跌倒的是一个女人，花白头发，衣服都很破烂。伊从马路上突然向车前横截过来；车夫已经让开道，但伊的破棉背心没有上扣，微风吹

萧红纪念馆

鲁迅生病时，萧红为其熬药时的雕像

着，向外展开，所以终于兜着车把。辛而车夫早有点停步，否则伊定要栽一个大筋斗，跌到头破血出了。

伊伏在地上；车夫便也立住脚。我料定这老女人并没有伤，又没有别人看见，便很怪他多事，要自己惹出是非，也误了我的路。

我便对他说，"没有什么的。走你的罢！"

车夫毫不理会，——或者并没有听到，——却放下车子，扶那老女人慢慢起来，搀着臂膊立定，问伊说：

"你怎么啦？"

"我摔坏了。"

我想，我眼见你慢慢倒地，怎么会摔坏呢，装腔作势罢了，这真可憎恶。车夫多事，也正是自讨苦吃，现在你自己想法去。

车夫听了这老女人的话，却毫不踌躇，仍然搀着伊的臂膊，便一步一步地向前走。我有些诧异，忙看前面，是一所巡警分驻所，大风之后，外面也不见人。这车夫扶着那老女人，便正是向那大门走去。

我这时突然感到一种异样的感觉，觉得他满身灰尘的后影，霎时高大了，而且愈走愈大，须仰视才见。而且他对于我，渐渐地又几乎变成一种威压，甚而至于要榨出皮袍下面藏着的"小"来。

我的活力这时大约有些凝滞了，坐着没有动，也没有想，直到看见分驻所里走出一个巡警，才下了车。

巡警走近我说，"你自己雇车罢，他不能拉你了。"

我没有思索地从外套袋里抓出一大把铜元，交给巡警，说，"请你给他……"

风全住了，路上还很静。我走着，一面想，几乎怕敢想到我自己。以前的事姑且搁起，这一大把铜元又是什么意思？奖他么？我还能裁判车夫么？我不能回答自己。

这事到了现在，还是时时记起。我因此也时时煞了苦痛，努力地要想到我自己。几年来的文治武力，在我早如幼小时候所读过的"子曰

萧红故居大门

后花园曾经是童年的乐园

诗云"一般，背不上半句了。独有这一件小事，却总是浮在我眼前，有时反更分明，叫我惭愧，催我自新，并且增长我的勇气和希望。[1]

鲁迅生长在阴柔的南方，萧红在粗犷的北方长大。他们的文化背景不同，年龄相差那么大，但对于生活中这么一件普通的小事情，在他们的心中是那样的重，小人物是他们一生的关爱。萧红二十多岁，她的祖父多年前死去，她在街头不再发现有钱人家的孩子蹲洋车上。

后花园荒凉了，萧红反问自己"可是我呢？现在变成个没有钱的孩子了！"当年有钱家的孩子，现在是穷人，再也无钱坐洋车了。

①鲁迅著：《一件小事》，第40页，北京：人民文学出版社，1979年版。

窗前的灯从来不照亮户外

萧红突然醒来，街道上的车越跑越近，一直到声音从房顶泼落下，包裹住整个房子。她感觉床在震颤，车子很快带着声音远去了，她无法重新进入梦中，睡眠里忘记很多的事情，饥饿和寒冷可以减轻一些。寒气挤满空间，只是身体还有热度，抵抗无情的冷寒。萧红对于周围的人和环境不了解，恐惧和冰寒一样，随时把她送入地狱。

萧红像

加斯东·巴什拉说："窗前的灯是家宅的眼睛。在想象力的领域里，灯从来不照亮户外。"①萧红盼望灯亮，拿"家宅的眼睛"看这个陌生的地方。萧红和素不相识的人睡在一起，对方叫什么名字，做何职业的不知道。尤其是鼾声，如同发情的野兽包围萧红，在得意中一口口地吞噬。萧红无办法应对，裹紧脏污有味的被子，蜷缩一双腿，胳膊交叉抱在胸前。在黑暗中寻找安全保护，萧红盯

① ［法］加斯东·巴什拉著：《空间的诗学》，第34页，上海：上海译文出版社，2009年版。

后园是玩耍的地方

故居里的马棚

注缺少光亮的窗子，等待天明的阳光，可怕的东西均可以消失。萧红对收留她的老妇，并不存有一点感激之情，她像"憎恶我所憎恶的人一样憎恶她"。寒冷的冬夜，老妇给萧红一个立身的地方，度过漫长的冬夜，免于冻死街头。

夜晚街头行人稀少，即使有人走过，也是将自己包得严实，针鼻大的缝隙钻进斗大的风。寒风逼着萧红，走向一条绝路，她一路奔走，一边不停地哭泣，眼泪冻僵了脸，如果不是手套不停地揩抹，可能结下一串冰溜子。萧红艰难地走到姨母家，她费尽残存的力气敲打房门，手套被泪水浸湿后，又冻成冰壳。萧红敲打房门，一面叫喊："姨母！姨母……"姨母家的人睡得太沉了，无一点反应，萧红嚎叫一般，夜晚听起来刺耳，将寒冷的空气扯得零碎了。院子里的狗被萧红可怜的乞求声，惊得狂叫了几声。也许姨母家里的人早醒了，躲在窗子后面，听着萧红的叫门，她们不愿惹是生非。萧红看了一眼无情的门，此时和冰雪一样，让她无一点留恋，冻死街头，比哀求要好得多了。不停地奔走，腿有点抽筋，勉强地支撑瘦弱的身子，有无数的寒针扎在脚心上。萧红沿着街边走，经过一幢幢的楼房，一扇扇窗口，有的人家还亮灯。萧红羡慕那些灯光，这时她生起一些仇恨，房间里不仅温暖，还有摆放的大床。一想到铺上被褥的床，柔软的棉布，散发诱人的气息。萧红感受家的温馨，大院子的马房里面，马儿们借助灯光，度过安逸的长夜。家中的狗也有睡觉的地方，躲在草窝里逃避寒夜，萧红想这样的草可以暖她的脚。

萧红走过一条街，穿过一段路，积雪在脚下响，她觉得眉毛冻在一起了。不穿棉鞋的脚，已经僵硬得不听使唤了，风卷积雪打在腿上，推动她往前走，在风的旋涡里，她被卷得神志恍惚。萧红经过门前挂红灯的"那些平日认为可怜的下等妓馆的门前时，我觉得她们也比我幸福。"

我快走，慌张地走，我忘记了我背脊怎样地弓起，肩头怎样的

18

耸高。

"小姐！坐车吧！"经过繁华一点的街道，洋车夫们向我说着。

都记不得了，那等在路旁的马车的车夫们也许和我开着玩笑。

"喂……喂……冻得活像个他妈的……小鸡样……"

但我只看见马的蹄子在石路上面踩打。

我走上了我熟人的扶梯，我摸索，我寻找电灯，往往一件事情越接近着终点越容易着急和不能忍耐。升到最高级了，几乎从顶上滑了下来。

感到自己的力量完全用尽了！再多走半里路也好像是不可能，并且这种寒冷我再不能忍耐，并且脚冻得麻木了，需要休息下来，无论如何它需要一点暖气，无论如何不应该再让它去接触着霜雪。

去按电铃，电铃不响了，但是门扇欠了一个缝，用手一触时，它自己开了。一点声音也没有，大概人们都睡了。我停在内间的玻璃门外，我招呼那熟人的名字，终没有回答！我还看到墙上那张没有框子的画片。分明房里在开着电灯。再招呼了几声，但是什么也没有……

"喔……"门扇用铁丝绞了起来，街灯就闪耀在窗子的外面。我踏着过道里搬了家余留下来的碎纸的声音，同时在空屋里我听到了自己苍白的叹息。

"浆汁还热吗？"在一排长街转角的地方，那里还张着卖浆汁的白色的布棚。我坐在小凳上，在集合着铜板……

等我第一次醒来时，只感到我的呼吸里面充满着鱼的气味。

"街上吃东西，那是不行的。您吃吃这鱼看吧，这是黄花鱼，用油炸的……"她的颜面和干了的海藻一样打着波绉。

萧红无太多的奢望，只想度过熬人的冬夜。她的想法很简单，囤积热气的房子里有一条被子，一张平坦的床，躺在上面睡一大觉，恢复疲惫的身子。她在一次次地失望中，又带着新的希望，行走北国深夜

19

这个情景，越来越令人怀念。

的街头。

这个时候，那个阴险的老妇出现了，她扯嗓子在喊"小金铃子，你个小死鬼，你给我滚出来……快……"顺着她的声音望去，墙角蹲着一个孩子，萧红看她可怜无助的样子，总觉得天下穷人都是一家人，萧红研究专家叶君写道：

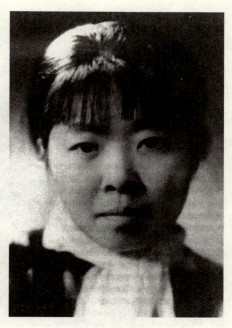

1936年，萧红在东京。

　　家的意义，在这个冬夜对于四外奔走寻找落脚之地的乃莹来说，被放大到了极致。这是太过严酷的人生经验，她绝望地回到冬夜的街市，在街边一处卖浆汁的小摊上坐下来，将身上所有铜板搜集在一起，想喝一碗滚烫的浆汁稍稍温暖几近冰点的身体和心灵——今晚的眠床在哪里，此刻已经变得次要。

　　幸运的是，乃莹最终被来小摊买浆汁的一位年老色衰的暗娼收留。醒来已是第二天早晨，街车的轰鸣震颤着整座简陋的屋子，摇晃着眠床，她感到自己就像睡在马路上，孤独而无所凭据；睁开眼睛，发现睡在身边的都是些发出令人隔膜而厌恶的鼾声的陌生人，心胸顷刻涨满仇恨与憎恶，即便对那个深夜带自己回家的妇人。她身上褪下一件单衫交给老妇去当铺，算是一晚住宿的代价。她急于离开这里，在这狭窄、阴暗的空间里与她们待在一起，感到"好像和老鼠住在一起"。屋外虽是白天，在她看来却犹如"暗夜"，但还得无所畏惧走进去。

　　冬夜流浪街头的经历，让乃莹意识到自身处境的绝望。①

---

①叶君著：《萧红图传》，第69页，广州：广东教育出版社，2010年版。

后园的马车

现在的呼兰河大桥

萧红瘦弱的身体里有一股犟劲，不会屈服任何事情的。这一夜借住老妇的房子，躲过冰寒的夜晚，在陌生的环境中，萧红如同死一般地熬过来。必须离开这里，就是冻死街头上，也比在这样环境中活强多了。

萧红两天见不到阳光了，阴暗的屋子里，她不是觉得饥饿和寒冷，而是精神上承受不了，神经扯到极限，一碰就要断开。美国心理学家埃里希·弗洛姆指出：

一个人一旦孤独，就意味他与外界的联系被割断，使自己的能量得不到充分的发挥，也不能得到他人的帮助。孤独者还意味他无力把握这个世界以及与这个世界相关的人和事；反过来，当这个人处于孤独状态时，他就有随时被这个世界所淹没的危险，而个人的能力是永远不能和整个世界抗衡的。[①]

外面寒风咆哮，大雪纷飞，风雪交织的日子里，一个无家可归的人，想要度过太艰难了。萧红是一个女人，一路危险重重，稍不自爱就滑向另一条路上。

萧红认个死理，不会轻易地改变自己的决定。她离开躲避风寒的房子，穿着夏天通孔的鞋子，用身体的温度接触雪地。

---

① [美] 埃里希·弗洛姆著：《爱的艺术》，第15页，北京：光明日报出版社，2006年版。

饥饿中的 "列巴圈"

我翻开萧红的散文集时，循着文字向前走，过道里的灯熄灭，别人的门挂上"列巴圈"了。夜的气息积在空间里，慵懒地不肯退去。茶房拖地的声音传进房间里，萧红再睡不了回笼觉，她正是贪睡的年龄，清晨这段时间里，一般的声响不会打破睡梦。

萧红去了一趟厕所，里面的灯闪亮，昏暗的光带着不情愿的样子。过道里飘满食物的香气，"列巴圈"挂在一个个门旁，牛奶瓶排列得整齐，等待主人打开门，取回房间里。过不了多久，在牙齿的咀嚼中，咽进肚子里充填饥饿的肠胃。萧红经过它们时，好像检阅一般，她想抚摸"列巴圈"，哪怕闻一下也是满足。她安慰自己说："但，这都只限于别人，是别人的事，与自己无关。"萧红告诫自己，这一切食品都是"别人"的，就是与己无任何关系。她大吸一口气，想压下饥饿，免得做出意想不到的后果。空无一人的过道，吞噬脚步声，房门将所有的东西隔外面。

饥饿送来的是绝望，在这种恐惧中挣扎，对于弱小的女人来说，等于逼她到了最后的底线。萧红点亮灯，看身体结实的萧军睡得香甜，饥饿把他束缚住了，但还是要睡足觉，他们的性格不同。萧红想起被汪恩甲抛弃东兴旅馆的日子，寂寞中写的一首小诗：

那边清溪唱着，

中央大街路牌

东兴顺旅馆今日外景

这边树叶绿了，

姑娘呵，春天来了！

去年在北平，

正是吃着青杏的时候，

今年我的命运比青杏还酸？

　　几句排遣内心孤独的诗，使他们紧密地联系在一起。这个时候，她有七个月的身孕，非常特殊的阶段，身体和情感的脆弱需要依偎。1932年7月12日，这是萧红不会忘记的日子，萧军走进她的世界里，长久的拥抱之后，就是依恋不舍的告别。萧军的目光，在房间里扫了一遍，然后关切地问道，她每顿饭吃什么，"萧红将桌子上倒扣的两只碗掀开，只见里面还剩有半碗红得像血、硬如沙粒的高粱米饭。"萧军将出身上仅有的五毛钱车费掏出，留给她买点东西吃。

　　整个三层楼的旅馆被睡意包围，拖完过道的茶房一走，静得无一点声音。这样的寂静吐出带毒的诱惑，吸引萧红去做一件可怕的事情。"偷"和"拿"两个字的意义不同，性质就不一样了。颠来倒去地默念中，它们混合在一起，分不清彼此，融冰般地化开人的尊严。萧红偷吃了"禁果"，打破自己与家庭的原始纽带，抗婚和违背父命，这与传统的道德相背而驰，带来的痛苦贯穿萧红的一生。她与家庭分裂了，走向独立自由，成了一个真正的人。

　　抵抗父亲的指令，无疑是打翻神殿上的圣像，使自己从束缚中解放出来，但是社会的重重危险，把她推入绝境。吃饭、睡觉是生存的本能，她却得不到满足。

萧红从旅馆被救出后，与萧军在道里公园。

26

萧红、萧军故居。

萧红扭动钥匙，门有意配合她的行动，竟然不出响声。身子躲藏门里，脖子卡在中间，头探外面，她的目光变得"贼亮"，光明从窗口涌进来，过道里看得一清二楚。"列巴圈"发出召唤的声音，瓶里牛奶望得真切。天已经全部放亮了，肚子饥饿得撒欢，咕咕的肠鸣反抗地大叫。萧红吞咽几口唾液，眼中的"列巴圈"比每天大了一号。拿"列巴圈"的冲动，一阵比一阵强烈，脚尖做好往前冲的准备，饥饿一旦燃烧起来，任何事情都敢做。萧红觉得心中发慌，耳朵根子发热，"偷"不仅毁坏道德底线，也触犯了法律。激烈地斗争中萧红还是被打败了，她不敢越过门槛，关上房门面对空荡的房间。萧红无望地说："我就贴在已关好的门扇上，大概我像一个没有灵魂的、纸剪成的人贴在门扇。大概这样吧，街车唤醒了我，马蹄嗒嗒、车轮吱吱地响过去。我抱紧胸膛，把头也挂到胸口，向我自己心说：我饿呀！不是'偷'呀！"。温饱是物质身体中的一部分，对于它的需求有限度，如果满足不了需求，就会产生冲动，后果不堪设想。

1945年，大批的罗马尼亚人被流放到苏联，2009年诺贝尔文学奖得主赫塔·米勒的妈妈就在其中，她在当今的乌克兰境内某个劳动营改造5年。多年之后，赫塔·米勒在其作品中描写流放到苏联的罗马尼亚人的生活。对于饥饿的痛苦和绝望，两位女作家都是刻骨铭心的

家中的老东西

萧红剧照，也许当年萧红也如这样一般仰望过天空。

记忆，赫塔·米勒写道：

> 饥饿天使在寻找无法抹去的印迹，抹去留不住的印迹。土豆田穿越我的脑海。文奇山的干草地之间，是一块块倾斜的农田，种植着家乡的山里土豆。头茬的早熟土豆圆圆的，皮色苍白的。玻璃蓝的晚熟土豆弯得走了样。粉土豆有拳头般大小，皮极富韧性，色泽橙黄，味道甘甜。玫瑰土豆呈修长的椭圆形，表皮光滑，久煮难软。土豆花盛开在夏季，植株茎秆棱角分明，苦青色的叶子上开着一丛丛黄白色、红灰色或者是紫色的打了蜡般的花朵。
>
> 然后，我是怎样迅速张大了嘴巴，把所有冻僵了的土豆皮都吃完了！我把土豆皮一条接一条地塞进嘴里，像饥饿一样没有空隙，没有间断。全部的土豆皮联在一起就是一条完整、绵长的土豆链。
>
> 全部的、全部的、全部的。
>
> 夜晚来临。大家都干完活回来了。所有的人都爬进了饥饿里。当一个饥饿的人看着其他饥饿的人时，饥饿就是一个床架。但这是一种错觉。我的体会是，饥饿爬进了我们的身体里。我们才是饥饿床架。我们所有的人都在闭着眼睛想象吃饭。我们整夜都在给饥饿喂食。我们把它喂得肥肥的，要齐铲高了。
>
> 我吃完一个短梦，然后醒来，再吃下一个短梦。所有的梦都一样，都是再吃东西。梦里的吃喝强迫症是恩惠，也是一种折磨。[1]

赫塔·米勒选择梦抵抗饥饿，萧红却将自己剪成一个毫无呼吸的纸人，贴在木质的门扇上。人还不如纸人，因为人必须往肚子里吃东西，饥饿是一头发情的野兽，不知疲倦地折腾。

萧红下定决心，第二次开门要偷，"列巴圈"不值几个钱，但她手里一分钱没有，只有眼巴巴地观望，偷比等待饿死好。她的偷不光为了自己，也是填饱萧军的肚子。

---

[1] ［德］赫塔·米勒著：《呼吸秋千》，第79页，南京：江苏人民出版社，2010年版。

29

饥饿能使人的尊严毁灭，又一次失败以后，萧红不想去做第三次了。她截断偷"列巴圈"的行动，重新爬上床，她推了几下睡得香甜的萧军，看到他无任何反应。萧红怕他醒后，发现她荒唐的举动。萧红想"在'偷'这一刻，郎华也是我的敌人；假若我有母亲，母亲也是敌人。"

开门声不时地钻进房间中，这是别人拿走"列巴圈"，取走瓶装的牛奶传出的信息。也许隔壁的人，正围桌子吃早餐，补充一夜消耗的体力，赶走饥饿的肠鸣。萧军去做家庭教师，身边无钱吃早饭，但他必须挨饿去上课，并且还要教学生练武术，他喝了一杯茶走出房门。过道里一片明亮，他的背影消失楼梯口，萧红看到那些"列巴圈"不见，被人早已吃到肚子里了。

墙中间的窗子陪伴萧红，从窗口向外望去，阳光包裹饥饿的目光。街道上人来人往，人们吃饱肚子，开始新一天的生活。街两边的铺子开门营业，工厂的烟囱，寂寞的街树，构成新一天的开始。楼前的树梢涂着霜花，风从敞开的窗子吹来，扑打萧红的衣襟，她情不自禁地说"我冷了"。饥饿和寒冷合谋，侵袭她赢弱的身体，萧红空肚子渴望出门的爱人，带回来充饥的食物。饥饿到达极限，人往往产生幻觉，诱惑她走进美丽的陷阱。她披一条棉被，看着窗外的行人，暂时排遣一下孤独，分散饥饿的注意力。

一个女人站在一家药店门口讨钱，手下牵着孩子，衣襟裹着更小的孩子。药店没有人出来理她，过路人也不理她，都像说她有孩子不对，穷就不该有孩子，有也应该饿死。

我只能看到街路的半面，那女人大概向我的窗下走来，因为我听见那孩子的哭声很近。

"老爷，太太，可怜可怜……"可是看不见她在追逐谁，虽然是三层楼，也听得这般清楚，她一定是跑得颠颠断断地呼喘："老爷老爷……可怜吧！"

那女人一定正像我，一定早饭还没有吃，也许昨晚的也没有吃。她在楼下急迫地来回的呼声传染了我，肚子立刻响起来，肠子不住地呼叫……

郎华仍不回来，我拿什么来喂肚子呢？桌子可以吃吗？草褥子可以吃吗？

晒着阳光的行人道，来往的行人，小贩乞丐……这一些看得我疲倦了！打着呵欠，从窗口爬下来。

窗子一关起来，立刻生满了霜，过一刻，玻璃片就流着眼泪了！起初是一条条的，后来就大哭了！满脸是泪，好像在行人道上讨饭的母亲的脸。

我坐在小屋，像饿在笼中的鸡一般，只想合起眼睛来静着，默着，但又不是睡。

窗外是热闹的街道，萧红陷进挨饿里，她的意识中堆满食物的形象，想象中的香气一阵阵地推来。

面对窗上的霜泪，心中的压抑榨干眼泪，萧红只有闭上眼睛等待了。

窘迫的情况下，萧红给中学的美术先生写了一封信，请求他经济上的援助。正当萧红欲哭无泪的时候，从昨夜到今天中午，没有吃东西，四肢无一点力气，肚子瘪塌得粘贴在一起。

房门被敲响，萧红急忙打开门，看到曹先生来了。

曹先生还是喜欢说笑话，只是身体略微发胖，他是带着女儿来的，穿红花旗袍的小姑娘，又加了一件黑绒上衣，她坐在藤椅上非常的美丽。但她有点不耐烦的样子："爸爸，我们走吧。"小女孩生活在幸福之中，人生的事情离她还很遥远，不可能懂得苦难。

曹先生问："你一个住在这里吗？"

"是——"我当时不晓得为什么答应"是"，明明是和郎华同住，怎么要说自己住呢？

好像这几年并没有离别开，我仍在那个学校读书一样。他说：

"还是一个人好，可以把整个的心身献给艺术。你现在不喜欢画，你喜欢文学，就把全身心献给文学。只有忠心于艺术的心才不空虚，只有艺术才是美，才是真美情爱。这话很难说，若是为了性欲才爱，那么就不如临时解决，随便可以找到一个，只要是异性。爱是爱，爱很不容易，那么就不如爱艺术，比较不空虚……"

"爸爸，走吧！"小姑娘哪里懂得人生，只知道"美"，她看一看这屋子一点意思也没有，床上只铺一张草褥子。

"是，走——"曹先生又说，眼睛指着女儿："你看我，十三岁就结了婚。这不是吗？曹云都十五岁啦！"

"爸爸，我们走吧！"

他和几年前一样，总爱说"十三岁"就结了婚。差不多全校同学都知道曹先生是十三岁结婚的。

"爸爸，我们走吧！"

他把一张票子丢在桌上就走了！那是我写信去要的。

钱是好东西，让萧红眼热心发烫，这张票子能使他们活下去，她注视桌子上的钱，并不是猛扑过去，而是默无言语地面对。萧军还在外面奔波，很晚才能回来，小女孩的到来，唤起萧红对学校时代的回忆，饿竟然不知不觉地消失。读书时有太多的幻想，不知道"饿"的滋味？那时青春燃烧的激情，开放出五颜六色的梦想。萧红现在二十多岁，但觉得青春已经是很多年前的事了，沧桑感过早地降临。

老师和他女儿的到来，带来的不仅是一点钱的情意，帮助她渡过眼前的难关。积压内心中的对美的追求，此时向她疾飞过来。

"牵牛房"主人手绘萧红漫画像

欧罗巴旅馆

楼梯够长的了，脚步声扯破安静，萧红拖着虚弱的身体，借助护栏往上登。她抬眼望去，三楼天边一样遥远，缺少勇气再往上攀爬了。两条腿锈住一般，萧红缓慢地拔，不是向前迈动。走几级台阶，需要停下歇一口气，腿和手触电似的颤抖，这些感觉不重要了，他们走出人生的一步，自由是向往的快乐。

钥匙的响动声中，房门被打开了，走进房间里，看着陌生的地方，既有新鲜的一面，又有幸福的等待，终于和心爱的人一起生活，不需要看别人的白眼。她选择"受辱的孩子"，表达当时的心情，她把"受辱"和"孩子"组合一块，词意发生裂变，一个痛苦的形象，如同黑白木刻裱在时间上。萧红的眼泪流了出来，一滴滚落嘴角边上，滋润干渴的唇时，她品尝出咸涩的味道。她用袖口擦拭泪，还不想让萧军发现，其实粗心的萧军，早已看到这些落下的泪了。

萧红偎在床上，偷偷抹泪的时候，萧军深情地关爱说："你哭了吗？"萧红未作正面回答，只是说自己在擦汗，反而问道："为什么哭呢？"这么年轻经受太多的坎坷，有一点的幸福就承受不了。她的心情平静下来才发现，房间里白得耀眼，漫斜的房顶棚，不大的空间有一张床，一个桌子，一把藤椅。桌子上铺得白布，雪一样洁净，无一点污痕。

这是暂时栖身的地方，也是萧红期盼叫家的地方，她彻底地放松

33

了，墙壁挡住风雨，给身体有了补养的机会。她觉得口渴想喝水，话一脱口而出，萧军的眉毛扭动几下，他慌忙地环视四处，不知该拿什么打水。

萧红扛不住激动和疲惫，昏沉中听到，门外萧军在和茶房说话，接着又感觉到，他回到她的身边问："用什么喝，可以吧？用脸盆来喝吧！"萧红研究专家叶君对于他们当时的困境写道：

34

曾经甜蜜的两人

乃莹和三郎回到裴家相安无事地住了几天。但裴家人的不满越发明显，他们容不得乃莹这样遥遥无期地住下去，周围邻里多少认为她是那种不正经的问题女人。不久，三郎因裴妻在自己面前说乃莹的闲话而与之发生激烈地争吵。矛盾激化，裴家也住不下去了。夹在家人和朋友中间的裴馨园非常为难，暗中打发女儿送给三郎一封信，随信捎带了五元钱，劝其搬出，另寻住处。

该搬往哪里？

大水刚过，民房倒塌无数，住房极其紧张。低廉的小旅店都挤满了无家可归的灾民，只有外侨经营的房租昂贵的旅馆还有空房间。霸蛮的念头再次涌入三郎脑际，他意识到面对混乱时世和窘迫处境要生存下去，全然没有什么道理可讲。第二天，从裴家搬出后，他让马车连人带行李径直拉到位于新城大街一家由白俄经营的欧罗巴旅馆，住进三楼一间阁楼小房。这间全旅馆最便宜的客房原来的租金是30元包月，涨水后上涨一倍每月需要60元，顾不得多问，三郎心想住下来再说。他怕茶房看出他们的穷困，变卦不让住进去，进入旅馆后便顾不

来到萧红说的长楼梯前，产后的萧红，拖着两条颤抖的腿，一步步地攀上陡斜的台阶。

萧军曾在这里找过工作的天马广告社旧址

得乃莹，迅速将行李搬至楼上房间。

虚弱不堪的乃莹一个人扶着楼梯艰难地往上爬。楼梯是那样漫长，似乎通达天顶，实在没气力了，两条腿颤抖不已，稍稍用力，手和双腿一起颤抖，虚汗淋漓。好不容易进了房间，她无力地将自己放倒在床，像一个无比委屈的孩子。然而，想到和三郎终于有了暂时属于自己的空间，脸上流淌着的已分不清是汗水还是泪水。男人禁不住问："你哭了吗？"

搬出裴家后，三郎仍帮助裴馨园编辑报纸，每月领取五元薪酬。便这对于二人的旅馆生活而言无异于杯水车薪。乃莹的身体还是那么虚弱，三郎不得不为每天的房租和食物奔忙。找不到合适的工作，就只好四处向朋友告借，出门就是一整天。男人外出后，乃莹只好躺在床上打发漫长而饥饿的白天，等三郎找点钱回来买吃的。饥饿成了她对欧罗巴旅馆最为深刻的记忆。整个一层楼全无声息，醒来后，透过阁楼的小窗看着外边漫天飞舞的雪花，她不禁回想起被困东兴顺的情形，百无聊赖中生出浓重的虚无，时时自我追问生存的意义。贫困让她极其自卑，只好以一道宽厚的房门将自己与外边那个富足的世界隔断，也怕隔壁房间饭菜的香气，飘过来引动她那实在难以遏抑的食欲。然而，房门却隔不断她那生于饥饿之上关于食物的想象。她不断想象着茶房用一个个托盘送来肉饼、炸得焦黄的番薯，以及切成大片的有弹力的面包……

2012年4月4日，这天是清明节，窗外春风游荡。我守一盏孤灯，黑暗中读萧红的照片，读她忧郁的文字。我想摘几缕光线编织成一束花环，献给远去的萧红。

2010年4月，萧红家乡的作家迟子建，在香港大学做驻校作家时，正赶上清明节，那一天的香港烟雨蒙蒙，黄昏是一天中让人伤感的时分，迟子建带着一瓶红酒到埋葬萧红的地方：圣士提反女子中学祭奠

---

①叶君著：《萧红图传》，第104页，广州：广东教育出版社，2010年版。

她。萧红是呼兰河畔的人，她喜欢喝酒和抽烟，可惜的是买不到呼兰河产的白酒，迟子建寻遍附近的超市，只好用一瓶红酒替代家乡的白酒。同样作为女作家，迟子建感慨地说："婚姻和生育，于别人是甜蜜和幸福，可对萧红来说，却总是痛苦和悲凉！难怪她的作品总有一缕摆不脱的忧伤。"①

　　迟子建一定读过萧红的文字，在欧罗巴旅馆里，身体虚弱得连喝水的力气都没有了，萧红还是摩挲床单上的花纹。每一朵花，每一片叶子，送给她无尽的想象。花是一种美好的象征，能带来好的运气，安慰孤苦的心灵。萧军不忍心看到这样的情景，她颤抖的手指在花朵上抚来摸去，如果再这样摸下去，她会耗尽最后精气。萧军不得不说："你躺下吧！太累了。"躺在带花的床单上，这么一点幸福，使萧红

萧红在浅水湾的墓

------

① 迟子建著：《落红萧萧为哪般》，第2页，北京：东方出版社，2011年版。

今天的萧红墓

商市街一景

萧红住过的房间

难以平静。

就在萧红兴奋的时候，房门被敲响了，一个身高马大的俄国女茶房走了进来，她的身后跟着中国茶房，从瞧不起的眼光中，萧红受到屈辱的打击。在租和不租的简单对答中，短暂的快乐跑远了。租一天铺盖五角钱，萧红看着从俄国女茶房吐出的价格，对于她来说如同天价。她和萧军脱口而出"不租"，这两个字太沉重了，摧毁嫩芽一样的幸福。女茶房动手了，她粗暴地扯掉桌布，收拾起床单和软枕，然后夹在腋下，这些洁白的东西随同她一起消失了。门咣当一声地关上，萧红的心被挤住，淌出痛苦的血汁。

房子突然间变空了，桌子上的脏旧暴露出来，床上的草垫子，一根根被人踏压过的草，显得丑陋不堪。萧红感受草的粗糙，巨大的心理落差将她打懵了，不知该如何面对现实。她本能地伸出手，打开柳条箱子，拿出自己的被子铺在草垫上，过去的日子，又回到一起来了，尽管旧被子，但它是萧红个人的物品，不论走到什么地方，只要不厌弃，它永远属于萧红的。

窗外暮色漫溢，楼前的街道并不安静，车和人的话语声蹿进房间里。一切都安置妥当，尽管简朴一些，幸福等待激情点燃。肚子饿得咕咕直叫，疲惫的身体经过这么一折腾，更是急需调整。一对经受苦难的人，还是在草垫上拥抱一块，两唇相吻不离。

任何一个历史性人物的生命历程，都是由各种互动过程组成的系统；在这种系统之中，个体感受到来自这种历史世界的种种刺激，因而是由这些刺激塑造的，然后，这个个体接受下来就会对这种历史世界施加各种影响。从某种程度上说，这些刺激产生于这种世界的脉络，而后者则是由个体的各种行动塑造的。[1]

威廉·狄尔泰使用"各种行动塑造"，去解读历史中的意义，生命

---

[1] ［德］威廉·狄尔泰著：《历史中的意义》，第32页，南京：译林出版社，2011年版。

是由行动构成的综合体，哲学家的指出，让我们去追究历史的踪影。2011年9月，我为呼兰河的萧红，第一次来到了哈尔滨。我在朋友的陪同下，找到现在叫尚志的大街，看到萧红住过的欧罗巴旅馆，过去的三层，现在翻盖为五层大楼。我不是急切地走进去，而是在马路的对面，注视三楼的窗户，来往的车辆拉扯目光，等待萧红打开窗子，我们可以相望了。马路上奔跑的车子，行走的人群，无人观望她曾经眺望过的窗口，一对追求幸福的人儿，忍受饥饿的痛苦，曾经相拥在草垫上。

我走进昔日的欧罗巴旅馆，一楼变成卖服装的市场，穿过货架上的衣服，来到萧红说的长楼梯前，想着当年产后的萧红，拖着颤抖的腿，一步步地攀上陡斜的台阶。门旁挂着"悦童文化艺术学校"的牌子，春节时贴的对联不见，只有门楣"兔年大吉"的横幅。站在楼梯前，望着那扇门，似乎看到萧红瘦弱的背影，走几阶停几步。呼吸出细若的气息，艰难地支撑身体，她的手指抠住护栏，免得自己失去重心跌倒。每一层十几个台阶，对于别人不费力气，萧红如同"爬上天顶"的遥远。我的心被搅痛，说不出是什么滋味，每走一阶，都是踏在她走过的地方，这段路走得漫长。我缺少勇气去推门，不想让里面的变化，破坏阅读记忆中的样子。我奔波几千里的路程，不是来旅游的，而是为了少年时的情结。

我在萧红的散文中读到，这时的桌子上，摆着黑"列巴"和盐，有晚饭吃不至于饿肚子，这于她已经很满足了。有一顿饱饭，又有爱人在身边，她是世界上最幸福的人了。

萧红渴望的东西总和她作对，不肯多给她一点快乐。晚饭过后，事件就找上门来，萧红记下了发生时的情景：

开门进来三四个人，黑衣裳，挂着枪，挂着刀。进来先拿住郎华的两臂，他正赤着胸膛在洗脸，两手还是湿着。他们那些人，把箱子弄开，翻扬了一阵。

"旅馆报告你带枪，没带吗？"那个挂刀的人问。随后那人在

41

如今的尚志大街

我是在朋友的陪同下，来到这条街上寻找当年萧红的影子。

床下扒得了一个长纸卷，里面卷的是一支剑。他打开，抖着剑柄的红穗头：

"你哪里来的这个？"

停在门口那个去报告的俄国管事，挥着手，急得涨红了脸。

警察要带郎华到局子里去。他也预备跟他们去，嘴里不住地说："为什么单独用这种方式检查我？妨碍我？"

最后警察温和下来，他的两臂被放开，可是他忘记了穿衣裳，他湿水的手也干了。

因日间那白俄来取房钱，一日两元，一月60元。我们只有五元钱。马车钱来时去掉五角。那白俄说：

"你的房钱，给！"他好像知道我们没有钱似的，他好像是很着忙，怕是我们跑走一样。他拿到手中两元票子又说："60元一月，明天给！"原来包租一月30元，为了松花江涨水才有这样的房价。如此，他摇手瞪眼地说："你的明天搬走，你的明天走！"

郎华说："不走，不走……"

"不走不行，我是经理。"

郎华从床下取出剑来，指着白俄：

"你快给我走开，不然，我宰了你。"

他慌张着跑出去了，去报告警察，说我们带着凶器，其实剑裹在纸里，那人以为是大枪，而不知是一支剑。

结果警察带剑走了，他说："日本宪兵若是发现你有剑，那你非吃亏不可，了不得的，说你是大刀会。我替你寄存一夜，明天你来取。"

警察终于被打发走，萧军锁好房门，然后关上灯，房间里一片黑暗。受到惊吓的萧红依偎他的身上，看着

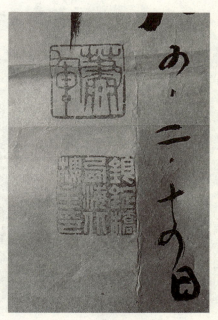

萧军书法的落款和印章

43

窗外街灯的光，从窗口凄淡地挤了进来，投映床铺上陡增伤感。萧军过早地离开母爱的呵护，他是在父亲暴力和粗野的教育下，一天天长大。童年的萧军缺少母亲的怀抱撒娇，父亲拳头带来的是惧怕和不安全感，所以他的人格的形成，更多的是父亲映射的影子。他不断受暴力的心理影响，害怕拳头，又崇拜拳头，相信它能打倒一片。

萧军相信拳头是硬道理，在这不讲公平的世道，只有玩命才能活下去。躺在床上的萧红心事太多，很难一下子进入梦中。

萧红想明天。

44

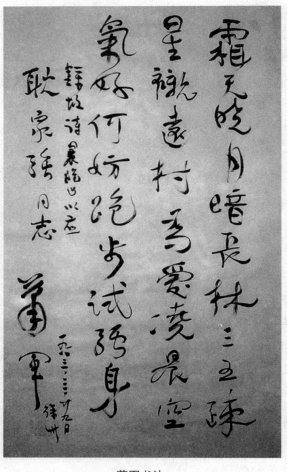

萧军书法

最后一块木柈子

炉子中的火，一副不死不活的样子，还未燃烧到激情飞溅，就冷却下来了。萧红再次拢起木柈子，拿桦树皮引燃，她想尽快地弄旺火，让火焰释放出大量的热能，烘暖冰冷的房间，等到萧军回来时，好一下子进入温暖中，解除一天在外奔波的劳累。火是不听话的东西，不占有空间，却有强大无比的威力，它不但不给萧红温暖，而是蕴藏仇恨，它坚决不让火的焰汁，渗透木柈子的纹理中。

萧红第三次被火击败，守着木柈子，在冷屋子中挨冻，她与火作斗争，无力使它烧得旺起来。木柈子平常看起来，一碰火就燃烧起来，现在却不肯屈服。空间的平台上，火焰和寒冷，你死我活的短兵相接。几次交锋中她的耐性消耗尽了，她气得对自己说："冻死吧，饿死吧，火也点不着，饭也烧不熟。"坐在炉子前，萧红咒语般地发泄，想掐死火焰，就在那一天早晨，她的手被铁炉门烫了两下，火不是烧着木柈子，却将她的指甲烧了一个豁口。萧红对火生气，她渴望火举行一场盛大的节日，使屋子里越来越有暖气。萧红喜爱跳动的焰火，它由一串丰富的词语相连，偎在火边上，燃烧发出的木香里，遐想是幸福的事情。加什拉·巴什拉说：

因此，对火苗的凝视使最初的遐想永存。这种凝视使我们脱离尘世，使遐想者的世界扩展。火苗单独地是一种伟大的在场，但是，面对火苗，人们会浮现联翩，"坠入遐想之中"。火苗就在那里，它纤细而又微弱，挣扎着维持着自身的存在，而遐想者却想入非非，忘却了自身的存在，他越想越远——幻想着整个世界。①

哲学家赋予火焰新的生命，萧红向窗外望去，残破的天空，在无霜花的地方露出。一撮灰云和她的心情一样，仿佛老气的衣服穿在身上，带不来一丝的快乐。萧红的脚冻得猫咬似的，想脱掉鞋挠一阵，准备放声大哭，但泪水就是流不出来，也许被冰冻结。萧红觉得自己太弱小了，火却不听她的话，想哭无泪水，一切东西都欺负她，谁叫她是女人了。

2012年4月12日，下起细密的小雨，天空一片灰暗，人的心情变得伤感。我看着萧红与火搏斗，寒冷作弄她，欺负她无能为力。想起1997年，济南一所高校的教室里，一群文人们为不那么重要的文学话题，争吵得互相不让。我受不了话语的噪声，冲出包围圈，来到走廊中，深吸一口气。前面有一个大窗子，我看到作家路也，不知什么时候独自出来，望着窗外的操场。我走过去打招呼，窗外的阳光充足，不时有人走过。这里变得安静，我们谈到萧红，我说正在读王小妮的《人鸟低飞》，她说还没有见过这本书。我爽快地答应，帮她买一本寄来。

回到滨州以后，我去书店买了这本书，抓紧时间寄给路也，不久以后，收到她的一封回信，信中附了一首写的诗：

维生兄：
谢谢你！谢谢《人鸟低飞》。
我觉得读萧红，就应该在这样天寒地冻的时节，最好还要选择独自

---

① ［法］加什拉·巴什拉著：《火的精神分析》，第117页，长沙：岳麓书社，2005年版。

一人，情绪有些低落的时候。在太繁华的人生里是读不懂的。

我把4年前和冬天写的一首《萧红》寄去，很稚嫩却很真实的一首诗。让我们在这样一个冬天里默默遥祭萧红美丽的灵魂吧。

近来沸沸扬扬宣传香港回归，其实在我心里香港那地方有什么，除了曾经埋葬着萧红？对香港仅有的那么一丁点向往，却只因为她。不知你是否与我同感。

不多说啦。祝你97年创作丰收！

路也　1997.1.9

附：

许多年过去了，萧红
一个同样寂寞的女孩在读你的呼兰河
窗外正值隆冬
心中的冰雪还没有消融

一部枯燥的现代文化史
因你而清香荡漾
一条偏僻遥远的河水
因你而长流不息
你是萧红，美丽而短命的萧红
北中国的天空何其荒凉
香港的浅水湾布满红男绿女
爱情穿越了血雨腥风
终于变得疲惫不堪
人生究竟用什么
才能完完全全地表达自己
萧红，多情而短命的萧红

所有逝去的岁月都无声无息
你的名字落雪般的宁静而悲伤
冬天有幸，你的灵魂在冰雪的上空
长久在飘扬
你是永不枯萎的记忆，萧红
一个同样寂寞的女孩在寥远的深冬
与你不期而遇
萧红，天才而短命的萧红

　　萧红和火生气的时候，我找出这封信和诗，阴雨使人的情绪沉郁，很想帮助萧红点燃木柈子，让她在温暖中静下来，在回忆中写一些东西。

　　做晚饭离不开火，可是屋子烧得不怎么热，木柈子耗得差不得了，剩下最后一块了。那么大的炉子里，一块木柈子填不满，即使火烧旺了，很快就会灭掉的。缺少火饭煮不熟，屋子里无热气，人不可能待住了。

　　"睡下吧，屋子太冷。什么时候饿，就吃面包。"郎华抖着被子招呼我。

　　脱掉袜子，腿在被子里面团卷着。想要把自己的脚放到自己肚子上面暖一暖，但是实在是无用。在被子里面也要颤抖似的。窗子上的霜，已经挂得那样厚，并且四壁的绿颜色，涂着金边，这一些更使人感到冷。两个人的呼吸像冒着烟一般的。玻璃上的霜好像柳絮落到河面，密结的起着绒毛。夜来时也不知道，天明时也不知道，是个没有明暗的幽室。人住在里面，正像菌类。

　　半夜我就醒来，并不饿，只觉到冷。郎华光着身子跳起来了。点起蜡烛，到厨房去喝冷水。

　　"冻着，也不怕受寒！"

　　"你看这力气！怕冷？"他的性格是这样，逞强给我看。上床，他

48

外国友人参观萧红故居

右起为骆宾基、萧军、舒群、塞克。

50

萧红与萧军在哈尔滨的住处

还在自己肩头上打了两下。我暖着他冰冷的身子颤抖了。都说情人的身子比火还热，到此时，我不能相信这话了。

四壁挂满霜花，渗出的冷气，冻结残存的有温度的东西，寒风在窗外咆哮，拍打玻璃发出淫威。两人裹在单薄的被子里相拥，依靠身体的热度，驱散对方的寒冷。半夜萧军不得不起来方便一下，他未披一件衣服，而是光着身子下床，摸索中燃起一根蜡烛。烛火微弱，每走一小步，它就颤抖得要熄灭。在黑暗中烛焰是太阳，烧出一条光明的道路，却赶不走寒气。萧军一手擎着蜡烛，另一只手弯成弧形，挡住飞来的小风。萧军和冰冷较劲，他不相信冷会冻死人。外面的雪不管多大，风力多么狂烈，有墙和屋顶挡住，冬天有这么一间屋子住很知足了。

萧军重新回到床上，经过冷空气的刺激，已经全无睡意了。他在萧红的眼前故意挺起身子，拍着肩头，炫耀自己肌体的雄壮。萧军任何时候都显示自己的豪情，张毓茂在传记中写道：

> 在这崇山峻岭中，那时候与怪石、草莽为伍的杀人越货的盗匪。当地人叫他们为"红胡子""马鞑子"。他们"绑票"、"砸孤丁"，打家劫舍。其实，这些盗匪集团的成份是很复杂的。他们当中的一些野心家和统治阶级勾结，为统治阶级利用，但多数人却是由生活所迫，铤而走险自发起来抗争的贫苦农民的破产的手工业者。他们勇敢奋斗，却找不到出路，在没有取得先进阶级的领导时，或则被官府镇压下去，或则成了野心家换取官爵的工具，被官府招安编级，结局总归失败。尽管如此，这些"绿林英雄"人物。萧军后来承认："坦率地说，我幼年时也是崇拜这些'英雄'的"。那时候，对于万山丛中传来的火光和枪声，曾经怎样激动着萧军的童心，引起过他的多少悠心遐想……①

意气风发的小江南

人一旦脱离始发纽带，成了一个个体的人，就会形单影孤，面对人世间的各种压力和危险。要么远远地逃避，寻一条摆脱困境的途径，这时偶像出现了，偶像和生存的环境构成一生的人格。逞强是萧军性格中突出的一点，从童年时就相信侠义，他认为有强壮的体魄，铁一般的拳头，就能打出一片天地。萧军被冻透的身体，带着冰冷钻进被窝中，萧红拿自己的身体暖他，也被冷得颤抖不止。

51

---

① 张毓茂著：《萧军传》，第8页，重庆：重庆出版社，1992年版。

张家粮仓大门

萧红在武汉，左起：萧军、蒋锡金、萧红、罗烽。

寒冷的冬天，大门扣环仿佛被冻得喊出谁的名字。

第二天早晨，屋子里犹如冰窖一般，找不到一点有热乎气的东西，手在袖口里不愿伸出来。炉子边只剩下一块木桦子了，二萧注视着它孤零零的样子，两人寻思半天，找不出好的主意。萧军最后说，还是出去借吧。

"向哪里借呢！"萧红不解地问道，萧军流露出不快的神情，他极不情愿地写了一张借据。

"向汪家借。"萧军来到门口，大声地喊他的学生汪玉祥。过了不大一会儿，老厨夫抱着木桦子在外叫门，火很快点燃起来，经过几天的摸索，不断地试验摸索，萧红掌握火的性格了。看到他的脸发生变化，她猜想自己的脸和他一样的通红。屋子温度攀升，几条水流从窗台上往下淌，流到地板上。细长的水流，如同春天的汛水带给他们希望。

窗玻璃上的霜一化开，露出外面的景致，过往的人就能看清了，几只不怕冷的小鸟儿落到窗台上，叽喳地叫嚷。

"老师，练武术吗？九点钟啦！"日头升得很高了，学生汪玉祥在外面喊到。

53

"等一会儿，吃完饭练武术！"萧军回答得干脆，他的肚子饿得不争气地响，大冬天的不吃饭，实在不愿走出暖烘烘的屋子里。但有了木桦子，锅里又无米可下，两人空等一天也白搭，萧军只好穿上衣服，空腹陪学生练武术去了。练完武术后，萧军不顾零下二十多度的寒冷，空肚子吞满寒气，四处奔波借钱。萧红急切地等待中，他借钱买回来一块厚饼，可是有了食物不一定兴奋，木桦子又只剩一块了，拿什么烧晚饭呢？

二萧对着木桦子，既是痛恨它，又是爱惜它，他们无可奈何地相望。

这就是日子

窗外传来锣鼓的敲打声，接着响起鞭炮声，今天是2012年4月30日，明天是"五一"国际劳动节。这两天结婚的人特别多，按照鲁北的风俗，婚日的前一天，门上边还要放一对红砖，贴上大红的双喜字，并用红绳系上一双筷子。傍晚时分，院子里张灯结彩，响器班子吹打弹唱，这个环节叫"响门"，迎接明天家中办的大喜事。

这时我看着二萧，为了谁去当铺当衣裳，好用钱来应急糊口。萧军就是不肯去，而是让弱小的萧红去，她是一个女人，这样的事情难以开口讲价。萧红的身世和萧军的不同，他们离家的动机不一样。萧红的弟弟张秀珂说："我家生活状况是比较优越的，从某种意义上讲，对姐姐也算得上娇惯了"。这样背景下成长的女孩子，怎么会想到有一天和一个男人较劲，把自己的衣裳送进当铺，换一口维持生命的食物。

"你去当吧！你去当吧，我不去！"

"好，我去，我就愿意进当铺，进当铺我一点也不怕，理直气壮。"

萧红喜爱这件新做的棉袍，一次未穿上身过，体温还未渗进棉的纤维中，就被送进当铺去了。萧红迈不动脚步，有什么东西在地上拉扯，她在当铺门口前徘徊，从一边踱到另一头，又缓慢地走回来，反复地来了几趟。钱、食物、棉袍在脑子里穿梭，织成一张大网，她分不清哪个轻哪个重了。萧红走出门前，夹起棉袍的一瞬间，萧军亮起大嗓门说："非两元不当。"

柜台这么高，萧红不得不抬头，仰起脸去看，她看不清里面的景象，却有一种敬畏感，心态发生变化，不太敢讨价还价。这是人生的第一次，包袱递到柜台上，双手不听使唤，脚尖支撑地上，全身的重量，此时都压上面。萧红尽量拔高身子，装出一副坦然的样子，她不想让掌柜的看到心虚。

当铺

那戴帽头的人翻着衣裳看，还不等他问，我就说了："两块钱。"

他一定觉得我太不合理，不然怎么连看我一眼也没看，就把东西卷起来，他把包袱仿佛要丢在我的头上，他十分不耐烦的样子。

"两块钱不行，那么，多少钱呢？"

"多少钱不要。"他摇摇像长西瓜形的脑袋，小帽头顶尖的红帽球，也跟着摇了摇。

我伸手去接包袱，我一点也不怕，我理直气壮，我明明知道他故意

萧红在西安

55

作难，正想把包袱接过来就走。猜得对对的，他并不把包袱真给我。

"五毛钱！这件衣服袖子太瘦，卖不出钱来……"

"不当。"我说。

"那么一块钱……再可不能多了，就是这个数目。"他把腰微微向后弯一点，柜台太高，看不出他突出的肚囊……

一只大手指，就比在和他太阳穴一般高低的地方。

那只大手指留下的"印刻"，不断在眼前舞动，拈钱的动作，一次次地重复。萧红有些绝望，越想排遣这个细节，画面却更加清晰，她不知是怎么样离开当铺的。身上"带着一元票子和一张当票"，走在回家的路上，经冷风一吹，当铺里的压抑感消散，心情反而有一些快乐。萧红敬爱的精神之父——鲁迅，也进过当铺，他在文章中对当时做了回忆："我有四年多，曾经常常几乎是每天，出入于质铺和药店里，药店的柜台正和我一样高，质铺的是比我高一倍，我从一倍高的柜台外送上衣服或首饰去，在侮蔑里接了钱，再到一样高的柜台上给我久病的父亲去买药。"鲁迅所说的"质铺"，其实就是当铺。他们去当铺的心态不一样，但最终目的均相同，就是为了一个人能活下去。

萧红感觉好多了，她突然发现自己很有钱。她逛菜市、米店，出来时抱了很多的东西，快要支持不住了。无情的风总是扫兴，萧红的手冻得僵硬，她觉得所做的一切值得，对于手的疼痛，无一点怜惜，觉得手就是用来劳动，不是等着享福的。人缺一只手可以，无饭吃人就要死掉，萧红和自己对话。她经过一家包子铺时，买了十个包子，瞧着这些东西，心中有了一种"骄傲"。

姐姐从小性格倔强，父亲曾对我讲述过这样一件有趣的事。姐姐出生后不久，母亲在她睡前照例要用裹布缠住她的手脚以便使她安睡，她却拼力挣扎着不让人抓她的胳膊。来串门的大婶看到这个情况笑着说："这小丫头真厉害，长大准是个'碴子'。"由此，亲友们都说她这种倔强劲儿是"天生的"。姐姐热爱生活，她有一颗炽热而

善良的心。但是她生长在半封建半殖民地的社会里，封建思想的严重
束缚，帝国主义侵略战争造成颠沛流离的生活的折磨，幼年丧母的过
分悲痛，使她的性格变得孤独、倔强、爱反抗。她像什么都不顺她的
心，不中她的意。①

　　贫困中的"骄傲"，和她骨子里的反抗一脉相承。血肉的疼痛，
比心痛要好受得多了，从走出当铺的那一刻起，快乐弥漫开了，有钱
可以买一点粮食，维持几顿的生活，不至于挨饿。萧红说"至于手冻
得怎样痛，一点也不可惜。"萧红看到路旁的老叫花子，寒风中瑟缩

萧红剧照

①张秀琢著：《回想姐姐萧红》，第29页，哈尔滨：哈尔滨出版社，2004年版。

可怜的样子，她便送给他一个大铜板，钱不算太多，但可能救他一条命。萧红的悲悯之心贯穿在生命里，她作品中的小人物，读后让人的心发抖。人来到这个世界都不容易，一口饭大家匀开吃，都能活下去。瘦弱的萧红，抱着这么多的东西，走了很远的路程，体力有些透支，大冷天的背上浸出汗水。实在无力迈动步子，如果再多走一段路，恐怕只能坐在路边，等待萧军的救援。萧红困难地走到大门口，她这才想起来，自打搬家以后，还未出过一次长路，现在腿一点不争气打颤了。

当票贴在身上，萧红走进家中时，萧军仍然躺在床上，睁着一双眼睛，饥饿的神情快要疯狂起来。他是在想作诗，还是被饿空的肚子弄得无力气，等待她带回食物。萧红拿出给他看，他一激灵地从床上跳起："我都饿啦，等你也不回来。"

萧军大口地吞咽，顾不得细嚼慢咽，一个个包子被他吃了，眨眼的工夫，买回的包子吃去一大半。吃饱变得有力气，萧军才腾出话来问："当多少钱？当铺没欺负你？"

萧红的手没有缓过劲，长时间露在清寒中，回到家里经热一激，猫咬一般地难受，胳膊折断似的不听使唤。萧红将当票递给萧军，他瞧着可怜的数目："才一元，太少。"

当得的钱少，这顿包子给肚子带来满足，不管怎么说，有了这一元钱能熬过几顿。萧红抱着东西，经过一路的奔波，现在却无心思吃，她看到"他在吃包子的嘴，看起来比包子还大，一个跟着一个，包子消失尽了。"

这就是日子，一天天地度过了。

58

家庭教师萧军

终于有养家糊口的职业，20块钱使萧军做了家庭教师，这是第一天上课，有心事不敢贪睡，起得特别早。萧红观察他神情的变化，话语中露出一份愉快。有了暂时的工作，生活稳定，不必东奔西跑地借钱维持日子。萧红被他感染了，觉得走路的脚步轻快了，窗外的鸟儿比往日叫得欢，在为他们祝福。萧红端着盆子，跑到过道去给他倒洗脸水。

萧红掩饰不住心中的快乐，20块钱不多，对于困苦中煎熬的两人来说，却是一笔天文的数字。她一边叠被子，不时地瞅着萧军，歌声从嘴里哼出来了。这些歌未有一首完整唱下来，歌词东凑一句，西拼一句，因为她很久不唱歌了。残裂的歌词，经过情感的修复，在高兴的日子里唱起来，倒是十分地动听。德国哲学家弗里德里希·黑格尔指出："旋律是音乐的最高体现，它缓和了灵魂的激动，使之成为自由流连欣赏的动象。"①萧红激动的灵魂，在歌声中释放出来，眼前浮现自由的联想，产生对未来美好生活的向往。被子叠得齐整后，萧红坐在床沿边上，腿在空中踢来晃去，少女的天真在恢复，以前经受的痛苦，消失得无影无踪。坐了一会儿，萧红按捺不住地跑出门外，她看了几次，不见那个提篮卖面包的人，长条大篮子里装着长形面包、圆

①弗里德里希·黑格尔著：《美学》，第297页，南京：江苏人民出版社，2011年版。

59

萧红与萧军雕像

面包，还有黑面包。在无钱的时候，大筐子里散发的麦香，曾经引诱她产生偷的念头：

　　提篮人，他的大篮子，长形面包，圆面包……每天早晨他带来诱人的麦香，等在过道。

　　我数着……三个，五个，十个……把所有的铜板给了他。一块黑面包摆在桌子上。

　　郎华回来第一件事，他在面包上掘了一个洞，连帽子也没脱，就嘴里嚼着，又去找白盐。

　　他从外面带进来的冷空气发着腥味。他吃面包，鼻子时时滴下清水滴。

　　"来吃啊！"

　　"就来。"我拿了刷牙缸，跑下楼去倒开水。回来时，面包差不多只剩硬壳在那里。

　　他紧忙说："我吃得真快，怎么吃得这样快？真自私，男人真自私。"只端起牙缸来喝水，他再不吃了！我再叫他吃他也不吃。只说："饱了，饱了！吃去你的一半还不够吗？男人不好，只顾自己。你的病刚好，一定要吃饱的。"

　　他给我讲他怎样要开一个"学社"，教武术，还教什么什么……这时候，他的手已凑到面包壳上去，并且另一只手也来了！扭了一块下去，已经送到嘴里，已经咽下他也没有发觉；第二次又来扭，可是说了："我不应该再吃，我已经吃饱。"

　　他的帽子仍没有脱掉，我替他脱了去，同时送一块面包皮到他的嘴上。

　　喝开水，他也是一直喝，等我向他要，他才给我。

　　"晚上，我领你到饭馆去吃。"我觉得很奇怪，没钱怎么可以到饭馆去吃呢！

　　"吃完就走，这年头不吃还饿死？"他说完，又去倒开水。

　　第二天，挤满面包的大篮子已等在过道。我始终没推开门。门外有

呼兰河是一条大水

别人在买，即使不开门，我也好像嗅到麦香。对面包，我害怕起来，不是我想吃面包，怕是面包要吞了我。

"列巴，列巴！"哈尔滨叫面包做"列巴"，卖面包的人打着我们的门在招呼。带着心惊，买完了说："明天给你钱吧，没有零钱。"

星期日，家庭教师也休息。只有休息，连早饭也没有。提篮人在打门，郎华跳下床去，比猫跳得更得法，轻快，无声。我一动不动，"列巴"就摆在门口。郎华光着脚，只穿一件短裤，衬衣搭在肩上，胸膛露在外面。

一块黑面包，一角钱。我还要五分钱的"列巴圈"，那人用绳穿起来。我还说："不用，不用。"我打算就要吃了！我伏在床上，把头抬起来，正像见了桑叶而抬头的蚕一样。

可是，立刻受了打击，我眼看着那人从郎华的手上把面包夺回去，五个"列巴圈"也夺回去。

"明早一起取钱不行吗？"

"不行，昨天那半角也给我吧！"

我充满口涎的舌头向嘴唇舔了几下，不但"列巴圈"没有吃到，把所有的铜板又都带走了。

"早饭吃什么呀？"

"你说吃什么？"锁好门，他回到床上时，冰冷的身子贴住我。

萧军有了工作，钱挣得不算太多，生活终究安稳一些，可以买黑面包了，不至于用眼睛去偷。八点钟要去正式教书，天寒地冻的东北，吐口唾沫能成冰的季节，空饿肚子，穿单衣在外面奔走会将人冻坏。

萧红是个女人，身上有母性的关爱，她为别人着想的多，其实自己就是弱势群体中的一员，也是应该关爱的对象，黄晓娟指出：

然而，对于萧红而言，这一次的流浪因为有了萧军的做伴，意义就不同了。尽管萧军没能给她一个安稳的家，他们住进了一家白俄经营

呼兰河的老教堂

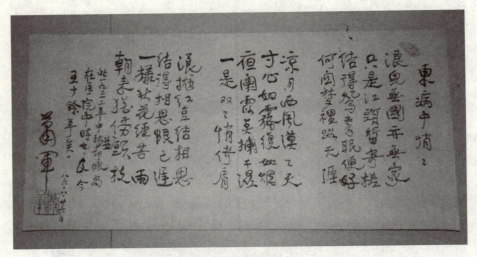

萧军于1932年中秋时，写给萧红的几首爱情诗。

中央大街的雕塑

的欧罗巴旅馆，肉体上极度饥饿，精神却饱满了。就这样，萧军和萧红开始了正式的新婚生活，虽然穷愁潦倒，但是感情却是圣洁的。两人相濡以沫地生活着，在生活线上挣扎着，忍受贫穷的煎熬。由于萧军的性格魅力，在萧军身边有着不少诱惑，他们的婚姻一直潜伏着一些不和谐的因素，但共同的理想和志向，又把他俩紧紧地联系在一起了，他们互相扶持着，走在艰难的人生之路上。

1932年11月，萧军终于找到了一份家庭教师的职业，于是他带着萧红搬到了一间终日不见阳光的房子里，从此结束了他们流浪漂泊的生活，为了生活，萧军整天四处奔走，萧红便一个人待在家中，没有阳光，没有暖，没有声，没有色，寂寞的家，穷的家，饥饿是总也赶不走的客人。①

萧红注定是悲剧性的人物，母爱过早地离开她，从那一天开始，她就走上寻找之路。埃里希·弗洛姆指出："如果说一个人终于成熟了，那么我们就可以理解成她已经既是自己母亲又是自己的父亲了。在他的身上可以找到一个母亲的良知，也可以找到一个父亲的良知。"①没有了母亲，对童年的萧红打击得够大的了，但是父亲的阴冷无情，未给她所要的父爱。萧红不肯接受有条件下的父爱，不想得到他的欢心，她依然选择背叛，这个令父亲称为大逆不道的方式。萧红被断绝经济来源的情况下，依然苦苦地抵抗父亲，不想让他得到安静

毕业照中的萧红

---

①黄晓娟著：《雪中芭蕉》，第17页，北京：中央编译出版社，2003年版。
①［美］埃里希·弗洛姆著：《爱的艺术》，第60页，北京：光明日报出版社，2006年版。

萧红和萧军在青岛的故居

和快乐。以毒攻毒是最好的报复，她选择和汪恩甲同居，这即是她走投无路的情况下，要么饿死街头，也是对父亲"关爱"的最好回报。那个年代，萧红胆子太大了，她就是这样离开了家，走上另一种人生的道路。

萧军做家庭教师了，对于他们是值得纪念的日子，萧红关照萧军的生活，怕他有一个闪失，现在他是唯一的依靠。为人师表不能空着肚子，必须吃饱喝足以后，才能把更多的东西传授给学生们。

萧红走下楼时，看到萧军自己在买面包，"他仿佛是一个大蝎虎样，贪婪地，为着他的食欲，从篮子里往外捉取着面包、圆形的点心和'列巴圈'，他强健的两臂，好像要把整个篮子抱到房间里才能满足。最后他付过钱，下了最大的决心，舍弃了篮子，跑回房中来吃。"萧红选用了一句东北话"大蝎虎"，表现对食物的占有欲，这句话不偏不多，在文字里起着感觉中心的作用，将饥饿给人造成的心理影响传达出来。埃里希·佛洛姆说：

> 生物化的需求并非人性中的唯一强制性的需求。还有另外一种同样刻不容缓的需求，它虽不植根于肉体过程中，但深植于人类模式的本质与生活实践中：人需要与自身之外的世界相联系，以免孤独与孤立会导致精神崩溃，恰如肉体饥饿会导致死亡。[1]

萧军有点不耐烦了，还不到八点钟就走出家门，身后留下一阵冷风。风散尽了，房间里变得安静，萧红坐在窗前，瞅着外面的情景，心如同天空的风筝，越飘越远去了，那是家乡呼兰的方向，现在暂时摆脱饥饿，但不是逃脱困苦的境地，乡愁又来折磨她了。太阳快落山时，萧军一句话不说就又出门，他和萧红的交流不多，有做不完的事情。萧军再推门回来时，夹着一个小包，他一脸得意地说，从当铺赎回两件衣裳。他从包袱里拿出夹袍，随后还有一件小毛衣。

----

[1] ［美］埃里希·佛洛姆著：《逃避与自由》，第16页，北京：国际文化出版公司，2000年版。

69

"你穿我的夹袍，我穿毛衣，"萧军兴致很高地吩咐，并把毛衣递给萧红。

夕阳在窗玻璃投上一抹残色，被丢在床上的包袱皮，望着快乐中的他们。两人不再说话，各自往身上穿衣裳。萧军的身材粗壮，夹袍大小合体，可是萧红的毛衣却不听话了，她穿上他的毛衣，如同一个大袍子，把她一下子吞噬。萧红只能看到手隐藏袖口里，仿佛魔术师的大口袋挂在肩上。走起路的时候，风不断地往里钻，就是这副滑稽的样子，萧红还是知足了。

他们的心情很好，脚步轻快多了，"电灯照耀着满城市的人家。钞票带在我的衣袋里，就这样，两人理直气壮地走在街上，穿过电车道，穿过扰攘着的那条破街。"我跟着他们来到一家小饭馆，想看着他们点菜庆贺一下。2012年5月1日，今天是国际劳动节，这一天，我随着他们的情感起伏，厨房里传来炒菜的响声，我也要吃晚饭了。

"一扇破碎的玻璃门，上面封了纸片"，萧军推开门，对身后的萧红说："很好的小饭馆，洋车夫和一切工人全都在这里吃饭。"

我跟着进去。里面摆着三张大桌子。我有点看不惯，好几部分食客都挤在一张桌上。

屋子几乎要转不过来身。我想，让我坐在哪里呢？三张桌子都是满满的人。我在袖口外面捏了一下郎华的手说："一张空桌也没有，怎么吃？"

他说："在这里吃饭是随随便便的，有空就坐。"他比我自然得多，接着，他把帽子挂到墙壁上。堂倌走来，用他拿在手中已经擦满油腻的布巾抹了一下桌角，同时向旁边正在吃的那个人说："借光，借光。"

就这样，郎华坐在长板凳上那个人剩下来的一头。至于我呢，堂倌把掌柜独坐的那个圆板凳搬来，占据着大桌子的一头。我们好像存在也可以，不存在也可以似的。不一会，小小的菜碟摆上来。我看到一个小圆木砧上堆着煮熟的肉，郎华跑过去，向着木砧说了一声："切半角钱的猪头肉。"

那个人把刀在围裙上，在那块脏布上抹了一下，熟练地挥动着刀在切肉。我想：他怎么知道那叫猪头肉呢？很快地我吃到猪头肉了。后来我又看见火炉上煮着一个大锅，我想要知道这锅里到底盛的是什么，然而当时我不敢，不好意思站起来满屋摆荡。

"你去看看吧。"

"那没有什么好吃的。"郎华一面去看，一面说。

正相反，锅虽然满挂着油腻，里面却是肉丸子。掌柜连忙说："来一碗吧？"

我们没有立刻回答。掌柜又连忙说："味道很好哩。"

我们怕的倒不是味道好不好，既然是肉的，一定要多花钱吧！我们面前摆了五六个小碟子，觉得菜已经够了。他看看我，我看看他。

"这么多菜，还是不要肉丸子吧，"我说。

"肉丸还带汤。"我看他说这话，是愿意了，那么吃吧。一决心，肉丸子就端上来。

破玻璃门边，来来往往有人进出，戴破皮帽子的，穿破皮袄的，还有满身红绿的油匠，长胡子的老油匠，十二三岁尖嗓子的小油匠。

脚下有点潮湿得难过了。可是门仍不住地开关，人们仍是来来往往。一个岁数大一点的妇人，抱着孩子在门外乞讨，仅仅在人们开门时她说一声："可怜可怜吧！给小孩点吃的吧！"然而她从不动手推门。后来大概她等到时间太长了，就跟着人们进来，停在门口，她还不敢把门关上，表示出她一得到什么东西很快就走的样子。忽然全屋充满了冷空气。郎华拿馒头正要给她，掌柜的摆着手："多得很，给不得。"

靠门的那个食客强关了门，已经把她赶出去了，并且说："真她妈的，冷死人，开着门还行！"

不知哪一个发了这一声："她是个老婆子，你把她推出去。
若是个大姑娘，不抱住她，你也得多看她两眼。"

全屋人差不多都笑了，我却听不惯这话，我非常恼怒。

71

大街上的雕塑

萧红与她的朋友们在四方公园内的合影

郎华为着猪头肉喝了一小壶酒，我也帮着喝。同桌的那个人只吃咸菜，喝稀饭，他结账时还不到一角钱。接着我们也结账：小菜每碟二分，五碟小菜，半角钱猪头肉，半角钱烧酒，丸子汤八分，外加八个大馒头。

月光在窗玻璃上游荡，映得房间里一片白。两人盖着一条被子，头下枕的破书上铺一块布。

房间隔壁的人，可能愁惨的事情太多，不分时间的拉手风琴，苍凉的旋律，倾诉人生的苦乐。这种曲调夜晚听起来，和阳光下不一样，曲调中积满伤感，听后很难入睡，一个个音符钻进人的心中。琴声拉扯萧军回到往事之中，坚硬的性格软化了，他对萧红情不自禁地说："敏子……这是敏子姑娘给我缝的。可是过去了，过去就没有什么意义。我对你说过，那时候我疯狂了。直到最末一次信来，才算结束，结束就是说从那时起她不再给我来信了。这样意外的，相信也不能相信的事情，弄得我昏迷了许多日子……以前许多信都是写着爱我……甚至于说非爱我不可。最末一次信却骂起我来，直到现在我还不相信，可是事实是那样……"

"你看过桃色的线……是她缝的……敏子缝的……"

萧军点开电灯，不顾房子里的寒冷，去拿毛衣给萧红看。手风琴声在房间里越长越大，空间挤满的音符，搅得人的睡意全无。

他们彼此不说话，并不是被故事感染了，而是各自想心事。萧军想他的敏子，"很好看的，小眼眉很黑……嘴唇很……很红啊！"萧红回到童年的呼兰河，看着水上漂流的河灯，在雨声中听祖父念唐诗。萧军抓住她的手，她很不情愿地摆脱出来，她想告诉萧军，她不是敏子。

马蹄踏在大街的青石路面上，清脆声压过琴声。夜走向遥远的深处，萧红攥着被子的一角，睁大一双眼睛，泪水从眼角里流出。

73

一样命运的小鱼

　　这是追悔莫及的事情，二萧回来时，看到跳出的鱼儿，由于长时间的脱水，呼吸不到氧气，他们喜爱的鱼死了。

　　这样悲惨的情景，萧红不忍心再看下去。她后悔出去的那么久，贪图一时的高兴，忘记一条生命，因为缺少她的照顾，无助地死去了。

　　鱼买回家的那天，他们当时想吃一顿"解馋"，鱼暂时存放盆中，水是维持鱼生命的物质，有了它鱼活力十足。鱼离不开水，很快又有两条活了，它们在水中扑棱身子，打得水花飞溅，肥美的身子在水里游动。

　　那天二萧经过商量后，决定先做死掉的鱼，活着的养起来。萧红从小就吃过鱼，却未亲手做过鱼，吃鱼和做鱼是不同的事情。萧红挽起袖子，小心地拎起鱼的尾巴，拿着一把小刀，一点点地刮鱼鳞，刀锋触碰鳞，一片片地被掀掉，剖开鱼的肚子，肠子和杂碎流出来，腥鲜味专往鼻子里钻，鱼血沾满双手。萧红的意识有些麻木，她的动作机械，淌出的鱼血刺激脆弱的神经。忧伤突然一下冲出来，手中的刀子，差一点戳自己的手上。失去生命的鱼，使萧红想到自己的遭遇，生与死和鱼一样简单，并不怎么什么复杂。萧军全神贯注剖鱼的身上了，很少注意对方的情绪变化。萧红不敢再看刀，瞅鱼的样子了，她想起在医院生孩子的日子，自己和鱼似的任人摆来布去，林贤治在书中写道：

萧红手写短诗

同室的产妇，来一个住一个星期便抱着小孩走了，产妇室里只剩下萧红一个人，这时，院长不再向她索要住院费了，只希望她早日出院。

然而，她的身体迟迟无法康复。贫血，乏力，头痛，脱发。她的健康状况使她感到羞辱，过于强大的自尊心，常常扩大了她对所遭受的冷漠和歧视的幻想，当自觉无力战胜时，便主动疏远或者逃避。

当萧红告诉萧军孩子已经给人抱走的时候，萧军紧握了她的手，大约以为她真是一个新时代的女性，有着果敢的牺牲的精神，而深感快慰。一个粗鲁的男子，实在很难觉察女人在抛弃了自己的骨肉后，那种由生理的损失所引起的永远无法弥补的内心的巨痛。直到这时，萧红仍然为绵延下来的绝望情绪所笼罩。

萧红的情绪极不稳定，不时产生死亡的幻觉。有时候，她对萧军说，我累赘了你。她不想做这累赘。她知道萧军要参加磐石游击队，便对萧军说，我死了你就可以同他们走了。有时候，她又非常害怕萧军离开她。萧军留在这里，也是她所顾虑的。她不想她所爱的人受辱。

在她催促萧军离开的时候，有一次终于说了："医院的庶务也许又要向你要住院费了。"

"在我进门的时候，他们已经向我要过了。"

"你怎么说？"

"我说只要你好了，总会给他们钱。"

"哪里来的钱？"

"总会有办法……"萧军想了一下，说，"最大，请他们把我送进牢里去，坐上两个月，总可以抵补了。"

萧军的这段话，很可能让萧红铭记一生而心存感激。据说感激是不好的，容易使人受累。在此后一同跋涉的途中，萧红确实因为感激而增进不少的温热和勇气，却也为此甘受对方断续相加的伤害，以致多次出亡，仍迟迟不忍割弃。与其说，这是出于女性的柔弱，毋宁说更多地来自这感激。身为东北女子，感于情义，生死相许，原本便有一份侠气在里面。

76

就在这一天，萧军走后，萧红一直临窗坐着，彻夜难眠。次日，她的病突然加重了。

早上，萧军走进产妇室，就听见她的呼叫了。她说，她这回会死掉。萧军安慰过后，立刻去找大夫。这时，大夫正在下围棋，全然不理会萧军的恳求。萧军被激怒了，终于推开棋盘。大夫说他没有礼貌，进门也不敲门，还说不给病人看病是庶务的意思。庶务说，现在医院没有这样的医药，要他转往别的医院去，却又说这是大夫的意思。

"原先我要出院的时候，你们不准走。现在我的病人到这种地步，你们又要我换医院！"萧军对着医生大声宣布道，"你听着，如果今天你医不好我的人，她要是从此死去……我会杀了你，杀了你的全家，杀了你们的院长，你们院长的全家，杀了你们这医院里所有的人……我现在等着你给我医治……"

大约是因为过度疲劳的缘故，他回来，便睡倒在萧红的邻床上。

那个被吓蒙了的大夫，立即赶过来给萧红打针、服药。等萧军从昏沉中醒来，萧红好像也精神了许多。她用手抚摸着他的前额和头发，说："亲爱的，你胜利了……"

萧军像孩子一样，突然嘤嘤哭了……①

一个男人的痛哭，显得多么的委屈和绝望，他实在无能为力了，哪怕有一种别的办法，也不会采取"无赖"的办法。萧红喜爱某种情况下，粗莽无礼的萧军，敢于用拳头拼出一片天地。此时萧军低头收拾鱼，手上沾着几片鱼鳞，他不停地忙乎，一边对萧红说："你看你这个无用的，连鱼都怕。"说完话以后，一条鱼洗得干净，又开始剥第二条鱼肚子，这时鱼竟然活动，萧红吓得拽他的肩膀，她的语调有些变了的说："鱼活啦，鱼活啦！"

"什么活啦！神经质的人，你就看着好啦！"逞强是萧军的标志，不管是任何场合，他对所有的事情，一概不服气的样子。他用刀尖在鱼肚子上划了一下，血冒了出来，鱼本能地挣脱他的手，逃进盆的水中去了。血溶化水里立刻被染红了，目睹这一情景，萧军吓了一大跳，不知该如何对付这条鱼。他抬起头来，攥着有血的刀子问萧红："怎么办哪？"萧军迷茫的目光中，有一股亮的东西闪现，萧红瞅一眼水中受伤的鱼，又瞧瞧萧军的眼睛不知该怎么办。他尽显男人的风度，染血的手伸向水里摸出鱼来，好像被鱼咬了似的，很快又扔进水中。

鱼在水中肚子朝天，肠子淌在外面，水未能挽救危难中的鱼，注定的死亡不可能逃脱。

"反正也是死了，那就吃了它。"萧军再次捞出死鱼，这回它真老实了，生命的气息被空气消融了。鱼一点不动弹，萧军神态自若，耐心地收拾干净。萧红躲在他的身后，看还是不看，一直激烈地斗争。盆中却是另一种景象，一条鱼在水里悠哉地游动，死亡对于它是遥远的事情，水中的血气味，并未影响它的行动。鱼儿在盆中一圈

---

① 林贤治著：《漂泊者萧红》，第59页，北京：人民文学出版社，2009年版。

圈地转游，而另一条鱼从商贩手中买回，一路的颠簸，不时地变换环境，离开自己熟悉的地方，危险不时地袭来，它挺立起来，一会儿又横躺水面。

锅中熬的油翻滚，葱花的香味在屋子里四溢。木柈子烧得炉的铁板热起来，离得很远感觉灼热。

鱼躺在菜板上，这时候就要放油锅里煎炸，萧红急忙去"二层门去拿油瓶"，她身后的厨房里，传来刺激人的声音，这不是木柈子的炸裂声，也不是油爆葱花声，萧红听"有什么东西跳起来，噼噼啪啪的。"盆水中的鱼仍然游，这些杂乱的音响，干扰不了它的行动目标。菜板上破肚子的鱼活了，尾巴仍打得菜板很响。

萧红不知该怎样做，她不敢再往下瞅了，鱼的腥味钻进嗓子眼里去了。躲开残酷的场面，来到门口向远处眺望，泪塞满眼睛中，透过泪水看着窗外，一只小狗四处追赶红毛鸡，房东家的使女小菊，不知又做错什么事，挨过主人的打骂以后，一个人躲墙根的暗处偷着哭泣。萧红愤怒地在心中说："这是凶残的世界，失去了人性的世界，用暴力毁灭了它吧！毁灭了这些失去了人性的东西！"

昏暗的烛光下，晚饭吃得沉闷，一顿鱼不但未改善生活，人的情绪沉闷不堪，筷子触到炖熟的鱼身上，一阵厌恶从里往外冒。满口的腥味消解鱼的香味，二萧受心情的感染，无一点胃口，鱼吃得不多，后来干脆扔垃圾箱里了。

两条活下来的鱼，在盆水里游来游去。

北方的夜安静，偶尔有野猫的叫声，撕破夜的恬静。夜间突然醒来，他们听厨房里有水的响声，萧红点起"洋烛"，却不敢去看发什么事情，她推了一下萧军，让他去探一下情况。烛焰忽闪不停，增添一种神秘感。萧红裹紧身上的被子，仿佛这样能够安全，阻挡一切飞来的危险。萧军大大咧咧地回来，话语声在静夜响亮，他得意地说："盆里的鱼死了一条，另一条鱼在游水响……"

第二天清晨，只剩下一条鱼儿在水中游，萧红换了一盆新水。吃早饭时，不忘喂它饭粒。

这条鱼的情况稳定，两天以来快活自由，可是第三天，就不是这个样子，精气神都不见了，它昏沉地潜盆底，似乎无力气的浮上来。

"小鱼都不吃食啦，大概要死吧？"她心神不定地告诉萧军。他毫不经意地敲一下盆沿，小鱼在水中游几下，又不动弹了。他接着再敲，鱼儿就再游一段，停止敲击后，它就往下沉落。

后来又过一天，小鱼凝固一般，任萧军怎么敲打盆沿，它的尾巴纹丝不动。萧红目睹这一情景，觉得人太残酷，当初不该打捞出来卖钱。这一条鱼值几个钱，吃了就在胃里消化。而鱼是痛苦的，它离开自己的家，对前方的命运不可预测。动物有母亲，也有思念的时候。

"把它送到江里一定能好，不会死。它一定是感到不自由才忧愁起来！"

"怎么送呢？大江还没有开冻，就是能找到一个冰洞把它塞下去，我看也要冻死，再不然也要饿死。"

"有谁不爱自由呢？海洋爱自由，野兽爱自由，昆虫也爱自由。"萧军又敲了一下水盆。

过了两天，小鱼的情绪好起来，尾巴甩得水直响，游动的速度快了。萧红一边烧火做饭，同时关注鱼的细微变化。天气太冷了，江水还未开化，等待熬过冷天，就把它放到松花江里去，让它回到大自然里。

2012年4月23日，天

萧红在上海居住过的住宅

阴沉沉的，灰旧的色调使人的情绪压抑，傍晚的时候，雨终于下起来了。雨挟风声恣肆，书中的萧红为了一条小鱼的命运，思量如何保护好它。多年前，一个大雪纷扬的日子，我坐在炕上，读父亲给我买的安徒生童话，他笔下的美人鱼，在为自己的幸福苦苦地作斗争：

　　风儿在鼓着船帆。船在清亮的海上轻柔地航行着，没有一点儿颠簸。当暮色渐渐变浓的时候，彩色的灯就亮起来了，水手们愉快地在甲板上跳起舞来。小人鱼不禁想起她第一次浮上海面来的情景。想起了她那时看到的同样华丽和欢乐的场面。她于是也跳起舞来，旋转着，飞翔着，正如一个被追逐的燕子在飞翔一样。大家都在喝彩，称赞她，她从来没有跳得这么美丽。快利的刀子似乎在砍着她的细嫩的脚，但是她并不感觉疼痛，因为她的心已经比这更要痛了。她知道这是她看到他的最后一晚——为了他，她离开了她的族人和家庭，她交出了她的美丽的声音，她每天忍受着没有止境的苦痛，然而他却一点儿也不知道。这是她能和他在一起呼吸同样空气的最后一晚，这是她能看到深沉的海和布满了星星的天空的最后一晚。同时一个没有思想和梦境的永恒的夜却在等待着她——没有灵魂、而且也得不到一个灵魂的她。

　　一直到半夜以后，船上的一切还是欢乐和愉快的。她笑着，舞着，但是她心中怀着死的思想。

　　王子吻着自己的美丽的新嫁娘，抚弄着她的乌亮的头发。他们手挽着手到那华丽的帐篷里去休息。

　　船上现在很安静了。只有舵手站在舵旁，小人鱼把她洁白的手臂倚在船舷上，向东方凝望，等待着晨曦的出现——她知道，头一道太阳光就会叫她灭亡。

　　她看到她的姐姐们从波涛中涌现出来了。她们像她自己一样——她们的美丽的长头发已经不在风中飘荡了，因为已经被剪掉了。

　　"我们已经把头发交给了那个巫婆，希望她能帮助你，使你今夜不至于灭亡。她给了我们一把刀子。拿去吧——你看，它是多么快！

在太阳没有出来以前，你得把它刺进那个王子的心里去。当他的热血流到你脚上的时候，你的双脚将会又联到一起，成为一条鱼尾，那么你就可以恢复人鱼的原形，你就可以回到我们这儿的水里来。这样，在你没有变成无生命的咸水泡沫以前，你还是可以活过你的300年的岁月。快动手吧！在太阳没有出来以前，不是他死，就是你死！我们的老祖母悲伤得连她的白发都脱落光了，正如我们的头发在女巫的剪刀下落掉了一样。刺死那个王子，赶快回来吧！快动手呀！你没有看到天上的红光吗？几分钟以后，太阳就出来了，那时你就一定要灭亡。"

她们发出一片奇怪的、深沉的叹息，便沉入浪涛里去了。

小人鱼把那帐篷上紫色的帘子掀开，看见那位美丽的新嫁娘把头枕在王子的怀里睡着了。她弯下腰，在王子清秀的眉毛上吻了一下。她向天空凝视——朝霞渐渐地变得更亮了。她看了尖刀一眼，接着又把眼睛转向王子——他正在梦中喃喃地念着他的新嫁娘的名字。他思想中只有她存在，刀子在小人鱼的手里发抖。

但是正在这时候，她把刀子远远地向浪花里扔去。刀子沉下的地方，浪花就发出一道红光，好像有许多血滴溅出水面。她又再一次把她迷糊的视线朝王子望了一眼，然后就从船上跳到海里，她觉得她的身躯在融化成泡沫。

现在太阳从海里升起来了。阳光柔和地、温暖地照在冰冷的泡沫上，因此小人鱼并没有感觉到灭亡。她看到光明的太阳，看到在她上面飞着的无数透明的、美丽的生物。透过它们——她可以看到船上的白帆和天空的云彩。它们的声音是和谐的音乐，可是那么虚无缥缈，人类的耳朵简直没有办法听见，正如地上的眼睛不能看见它们一样。它们没有翅膀，它们只是凭它们轻飘的形体在空中浮动。①

很多年以前，读这个美丽的童话，当时被感动得流出眼泪，成年后

① [丹] 汉·克·安徒生著：《安徒生童话选集》，第32页，南京：译林出版社，2001年版。

小鱼不管外面的世界如何变化在水中游动，它不知道潜伏的危险随时降临。

再一次读，心还是酸涩的。二萧为鱼纠结的时候，促使我回味遥远的故事，很想讲给二萧听。他们的生活稳定下来，有自己的小圈子，每天去朋友那里去玩，海阔天空地唠一个晚上。小鱼不管外面的世界如何变化在水中游动，它不知道潜伏的危险随时降临。二萧带着好心情回来，即使是半夜时分，也要瞅一眼鱼。她家里不养猫，附近的邻居家很少有猫，所以她知道鱼儿无太大的危险。

有一天时间太晚了，他们就留在那里过夜。那天玩得尽兴，除了跳舞以外，萧军就是唱戏，直到第二天晚上才回家。

萧军打开门，踏进门槛，差半步踩在地上的鱼。萧红摸黑点起"洋烛"，看着小鱼还有丝啦的呼吸，腮不时地息动。萧红摸了一下鱼身上的鳞，毫无水湿的感觉，它何时从水中跳出，无法估计出来，萧红责备自己，玩耍时的快乐消散无影了。

萧红的手不听使唤，"洋烛"歪倒，蜡油滴在地上不知道，拿着蜡烛的手，不知歪斜什么程度。无名的恐惧，犹如冷风一样侵袭她的身体。

屏着呼吸，我把鱼从地板上拾起来，再慢慢把它放到水里，好像亲手让我完成一件丧仪。沉重的悲哀压住了我的头，我的手也颤抖了。

短命的小鱼死了！是谁把你摧残死的？你还那样幼小，来到世界——说你来到鱼群吧，在鱼群中你还是幼芽一般正应该生长的，可是你死了！

郎华出去了，把空漠的屋子留给我。他回来时正在开门，我就赶上去说："小鱼没死，小鱼又活啦！"我一面拍着手，眼泪就要流出来。我到桌子上去取蜡烛。他敲着盆沿，没有动，鱼又不动了。

"怎么又不会动了？"手到水里去把鱼立起来，可是它又横过去。

"站起来吧。你看蜡油啊！……"他拉我离开盆边。

小鱼这回是真死了！可是过一会又活了。这回我们相信小鱼绝对不会死，离水的时间太长，复一复原就会好的。

半夜郎华起来看，说它一点也不动了，但是不怕，那一定是又在休息。我招呼郎华不要动它，小鱼在养病，不要搅扰它。

萧红一夜未睡好觉，早早地睁开眼睛，看着鱼休息。她一会儿走到盆边，然后去干活，吃完早饭后，忍不住看它还是老样子。拿几个饭粒扔水里，鱼仍然无动于衷，它对任何事情不感兴趣了。萧红走来走去，在地板上放轻脚步，她真怕吓着睡梦中的鱼。

鱼这回真睡了，永远不会再醒了。萧红不会顺手丢掉它，而是找了一张报纸，细心地包裹起来，鱼鳞上沾着血，一只眼睛受伤害，它在地板上挣扎，想重新回水里时被弄破。

萧红怀揣忧伤的情绪，手中拿着鱼，她说："就这样吧，我送它到垃圾箱去。"她选择一个带有深情的送字，那天清晨和鱼告别。

跋涉的歌者

萧红怀念那一段日子，她酌斟再三后，选择"永远不安定下来的洋烛的火光，使眼睛痛了。抄写，抄写……"

烛光微弱，光线不充足，萧红伏案抄写的身影，被光剪贴到墙上，凝固一般地不动。抄了不一会儿，眼睛变得酸涩，萧红的情感倾泻笔下，这不是机械的工作，是一种生命的投入。蚊子在黑暗中露出凶相，夜晚是它的白天，它贪婪地偷袭，咬得萧红到处发痒。长时间一个节奏，手骨节和肌肉发胀，后来变得僵硬。萧红进入疯狂的状态，她不管手腕发酸，视力开始模糊，身体有了强烈的反应。美好的希望使她太兴奋了，心中只有一个念头，赶快地抄写，而且字要规范，明天她和萧军去印刷厂，马上就能见到他们的第一本小册子。

"几千字了？"

"才三千多。"

"不手疼吗？休息休息吧，别弄坏了眼睛。"文学的梦充满浪漫，它将萧红推到了另一个世界里，她写下的每一个字倾注所有的情感。夜走向深处，灯光下两个忙碌的身影，身上燃烧激情的火焰。萧军实在挺不住了，脑子里变得麻木，意识模糊不清，他一个哈欠接一个，醉酒一般来到床边，不管不顾地倒下。十指相叠依在头后面，身子瘫在铁床上。萧红还疯狂地抄写中，不想停下来，她握笔的手不听使唤，笔尖在纸上划出的响声，节奏鲜明。

85

方未艾与萧军

萧红、萧军出版的《跋涉》

86

萧红、萧军合集《跋涉》 《跋涉》题字

这是二萧的第一次合作，也是步入文坛不长时期的总结。叶君在传记中写道：

1932年9月，方未艾从《东三省商报》社转到《国际协报》社与陈稚虞一起接替裴馨园编辑副刊《国际公园》。年底，计划在新年出版一份"新年征文"的特刊。见萧红整天在家无事可做，萧军和"牵牛坊"其他朋友都鼓励她写篇文章试试。长时间疏于文字表达，萧红刚开始非常缺乏自信。后来，萧军告诉她有方未艾在，只要写出来，送去的文章是不会落选的。当然，这也可能是萧军的一种鼓励策略。在周围人的鼓励下，不久，萧红完成了短篇小说《王阿嫂的死》。方未艾读后十分欣赏，顺利入选征文，后来发表在《国际协报》新年增刊上，署名"悄吟"。萧军认为这是萧红"从事文学事业正式的开始"。

《王阿嫂的死》顺利发表后，萧红重获表达的自信，找到了体现自身价值的方式以及生存的意义，表达欲望因此点燃。紧接着，她将自己从怀孕被弃东兴顺旅馆到产后出院这段噩梦般的经历，于1933年4月18日写成长达万余字的纪实散文《弃儿》。长春的《大同报》是伪满州国的官方报纸，副刊编辑陈华是萧军的高小同学。萧军把《弃儿》投寄给陈华，5月6日至17日连载于《大同报》文艺副刊《大同俱乐部》。这篇长文发表后，萧红写作热情高涨，一发不可收拾。

值得一提的是，小说《王阿嫂的死》和散文《弃儿》究竟谁是萧红步入文坛的处女作，向来存在争议，至今悬而未决。萧红由"新年征文"首先发表《王阿嫂的死》是一说，坚持此说者是萧军。但是，该文随后收入《跋涉》集时，只在文末注明"5月21日"，发表时间、刊物均不详，其后收入《萧红全集》仍无初始发表的信息。也许，正是文末的"5月21日"让包括铁峰在内的许多资深萧红研究者将具有确凿发表信息的《弃儿》作为萧红的处女作。需要说明的是，在这一问题上，本书认同萧军的说法。《王阿嫂的死》的文末日期极有可能是处笔误，其出处至今不可考，似乎本身就寓有更多可能，萧军此说似乎更合情理。6至8月间，萧红又在《哈尔滨公报》副刊《公田》和《大同俱乐部》上发表小说三篇。

与此同时，萧红也几乎实现了自己的演剧梦想。1933年7月，金剑啸和罗烽（1909—1991）等人组织了一个半公开的抗日演剧团体，取名"星星剧团"。金剑啸担任导演和舞美设计，罗烽负责一切日常事务性工作。主要演员除二萧外，还有白朗、舒群、刘毓竹、徐志等。剧团先后排演了美国进步作家辛克莱的《居住二楼的人》（又名《小偷》）、白薇的《姨娘》和张沫元的《一代不如一代》（又名《工程师之子》）。在《小偷》中，萧军扮演受律师诬陷被迫做了小偷的杰姆，白朗扮演律师太太，刘毓竹扮演律师。萧红在《姨娘》中扮演生病老妇，舒群扮演家庭主妇的丈夫；在《一代不如一代》中担任主角的徐志还只是二中的学生。剧团排演地点起初在位于道里三道街的民众教育馆，后来迁到牵牛坊。排演戏剧给这群心怀进步志向的年轻人带来充实与快乐，在嬉笑打闹中留下一些日后颇堪回味的趣闻

三郎、悄吟摄于离开哈尔滨前夕。
相片中两人的打扮，是当时哈尔滨
男女青年流行的装束。

轶事。排练《小偷》时，每当扮演律师的萧军举起手枪，对准扮演律师太太的白朗，要她"举起手来"时，白朗便禁不住大笑起来，怎么都难以入戏。多年后，萧红还清晰记得当时的滑稽情形，认为是"最有趣的事"。经过三个月的排练，剧团准备在民众教育馆演出，没想到，对方提出要他们在"九一五"伪满州国承认纪念日上演，以此表示对伪满州国成立纪念的祝贺，大伙一听非常气愤，坚决拒绝。后来，罗烽又联系巴拉斯影院，最终仍然遭拒。恰在此时，徐志突遭被捕，一周后假释出狱，旋又失踪。很显然，他们的行动已经遭到敌伪警特的盯梢，风声日紧、环境日趋险恶，剧团被迫解散。萧红很是为那些已经排演熟练而没有上演的剧目而惋惜。

为了加强针对敌伪的宣传渗透，1933年8月6日，通过萧军与陈华的特殊关系，金剑啸、罗烽、姜椿芳等中共地下党员商定，在《大同报》创办由中共直接控制的文艺周刊《夜哨》。萧军把周围作者的稿件收集好之后，每周寄往长春一次，由陈华选稿发表。《夜哨》直到当年12月24日终刊，共出21期。萧红勤奋写作发表文章最多，几乎每期都可见到"悄吟"或"玲玲"的名字，作品主要有小说《哑老人》《夜风》《清晨的马路上》《烦扰的一日》；散文《小黑狗》《渺茫中》；诗歌《八月天》等等。关于《夜哨》停刊的原因，一些萧红传记作者（如季红真、肖凤）都归结为刊载了比较敏感的题材而遭禁，并说陈华因此"不知去向"。这显然是人们基于已有经验对革命斗争的臆想。实际上，《夜哨》停刊完全因为稿件质量问题而非政治问题。陈华在《夜哨》最后一期发表《夜哨绝响》一文，明确表达了对

萧红与文学朋友 (左起：萧红、萧军、金人、舒群、黄之明、裴馨园、樵夫 1933年摄于哈尔滨道里公园)

萧军、罗烽、舒群三兄弟。

文稿质量越来越差的不满，并最终决定终刊。《夜哨》上也并没有刊发过如肖凤所提及的，出自萧军之手关涉日本兵强奸妇女的文章。《夜哨》终刊后，陈华并未解职，直到1934年上半年仍在《大同报》任副刊编辑，大概在7月间去沈阳另有他就。

二萧发表文章的机会多了起来，他们不再刻意寻找家教机会而是努力专心写作，靠微薄的稿费维持生计，过着艰苦而快乐的卖文生活。有一次，在白俄很多的中国大街上，曾是萧红中学校友的杨范看见二萧在一起时的情形，多年后仍记忆犹新。萧军脖子上系了个黑蝴蝶结，手里拿着三角琴，边走边弹；萧红上穿花短褂，下着一条女中学生通常穿的黑裙子，脚上蹬了一双萧军的尖头皮鞋，看上去特别引人注目。二人边走边唱，就像一对流浪的艺人。二萧当时的快乐形象，亦给后来名满天下的抗日女英雄赵一曼留下深刻印象。赵一曼曾对方未艾说第一次见到她们是在中央大街上，后来也常在大街上碰见，两人服饰都不十分讲究，悄吟还穿着一双男式的皮鞋，可是他们身体和精神都很健康，一边行走，一边谈笑，风姿飘洒，旁若无人。二萧的快乐与兴奋，自然可以想象。经过如此漫长、艰巨的磨难，他们终于看到了希望，更重要的是，找到了人生为之努力的方向。况且，写作是他们热爱而又能获得自信的工作。激情和亢奋充溢着他们当时的每一天。在那个富有梦想，个性飞扬的季节里，一个更宏大的计划在二萧心中酝酿成熟。1933年9月初，《国际协报》上刊载了一则出书广告：

三郎、悄吟著之《跋涉》，计短篇小说十余篇，凡百余页。每页上，每字里，我们是可以看到人们"生的斗争"和"血的飞溅"给以我们怎样一条出路的线索。现在在印刷中，约九月底全书完成。

二萧也许注定要成为作家。这不仅表现在他们对写作有无比高涨的热情，还源于他们那高远、阔大的心志。今天的人们自然难以想象，当时虽然处境稍有改善但仍为每天生计发愁的二萧，居然会有自费出书的想法。好在他们周围有一帮热情支持的朋友。《跋涉》准确地说是他们的小说、散文、诗歌合集，收入萧红《王阿嫂的死》《广告副手》《小黑狗》《看风筝》《夜风》等五篇小说和一首小诗《春

在萧军的带领下，萧红开始接触更多的左翼作家，左起：黄源，萧军，萧红。

题未定的故事　舒群

——一位老战友的口述

　　感谢华主席为首的党中央，在粉碎"四人帮"之后，我被调到有要重新分配工作。多年来，我做过种种工作，而主要的是宣传和工业两个部门

舒群手稿

曲》，萧军收入其中的六篇作品大多介于小说和纪实散文之间，多叙述自己的亲身经历与情感体验，如前文提及的《烛心》《孤雏》等。萧红收入其中的，大致是她从1933年5月至9月间比较重要的作品。她特地将写给萧军的情诗《春曲》收入其中，亦可看出，或许想以这种方式表达对萧军的强烈感念，回想当初落难东兴顺旅馆时的绝望，自然不会想到还有今天。①

　　舒群生于1913年，原名叫李书堂，后来使用笔名舒群。舒群年龄小于萧红两年，但他对于二萧的帮助，是别人无法替代的。舒群出生于一个贫苦的工人家庭，所以他做人处事，总是无私的关爱。舒群1932年参加第三国际工作，同年8月，19岁的舒群秘密加入中国共产党，平时他生活俭朴，不敢乱花一分钱，将组织上提供的一点经费积攒起来。好不容易积攒下40元钱，是为了留给贫苦生活中的父母，当时这可是一笔大钱，差不多够他家一年的费用。舒群的身上有着北方人的慷慨义气，在朋友面前，他无一点私心杂念。当他听说二萧准备出书，又苦于无处筹款，他犹豫很久，最后从父母手中要回这笔养家糊口的钱，资助二萧出书。如果缺少这笔钱的出现，《跋涉》可能难产了，这对于他们的创作打击很难想象。所需经费的大部分是由舒群提供，其中朋友陈幼宾拿出10元，另有一些朋友资助部分钱款，余下不足的由王歧山承担。

　　舒群的性格和萧军不同，他们做人的方法不可能一样。在二萧最艰苦、绝望的时候，舒群总是尽力帮他们度过关口。八十年代赵凤翔采访舒群中写道：

　　1932年秋天，松花江发大水，哈尔滨市成了一片泽国。发大水的原因是当时政府的腐败，管理修堤的官员把加固江堤的经费全部装进了私囊，江堤愈来愈糟，雨水一多，道外贫民区的江堤就决了口，很

①叶君著：《萧红图传》，第112页，广州：广东教育出版社，2010年版。

快地，整个哈尔滨市就成了一片汪洋。舒群全家从道外流落到南岗，父亲几乎沦为乞丐，全家生活十分困难。

就是在这同一个时间里，二十一岁的萧红(她当时的名字叫张廼莹)正困守在松花江边的一座旅馆里，一筹莫展。她被一个流氓遗弃在这里，怀着很重的身孕，欠了旅馆六百多元食宿费，老板正计划把她卖到妓院里去。正在这危难的时刻，又遇到松花江发大水，无钱还债、即将临盆的萧红，被当作人质，困守在这里。她在举目无亲、走投无路的情况下，抱着试一试的心情，给哈尔滨《国际协报》副刊写了一封呼救信，诉说了自己面临的危险。

萧红落难的情况从《国际协报》副刊传出后，第一个去旅馆探望萧红的人，就是舒群。他当时只有十九岁，是一个朴实憨厚的青年，他听说一个青年女子落了难，见义勇为，用组织上发给他的出差生活费，给萧红买了两个馒头、一包烟，那时大水早已漫过了头顶，舒群就把这些东西捆在脑袋上，游泳来到了旅馆

30年代的萧军

萧红在西安公园

里已是黑洞洞的一片，大水已经钻进了一层楼，萧红躲在二层楼上，又饿又冷。舒群找到萧红的时候，她只穿着一件洗得发了白的天蓝的旧旗袍，因为怀孕，开襟一直扯开到腰际，用别针胡乱地别着。舒群因为在街上游过泳，弄得浑身上下都是泥，这个救助别人的青年，就在这样狼狈的情况下与萧红见了面。那时天色已晚，外面是一片黑洞洞的汪洋，舒群无法再回去，就在这座倒霉的旅馆里蹲了一夜。萧红向他诉说着自己的处境，希望他能够把她领走，但是他的全家也正无家可归，他实在找不着能够妥善安置萧红的地方。①

2012年6月26日，我来到呼和浩特参加"2012《民族文学》重点作品改稿班"，在2017房间里，我采访著名作家舒群的儿子李霄明先生，他向我讲述一段真实的历史。1937年初，舒群受北平市地下青联负责人的邀请，在全国抗日情绪高涨的背景下，去北大座谈《没有祖国的孩子》的创作经验。这一年四月，萧红也在孤独中一个人来到北京，她身边缺少萧军的陪伴，也无朋友左右，苦闷使她的心情伤感。在王府井大街上闲逛时，舒群意外地遇到萧红，异乡的陌生街头和故乡的友人相遇，尤其是曾经一次次帮她化解难关的友人，萧红从孤独的痛苦中暂时解脱出来，她见到舒群非常高兴。萧红脸上的表情，使舒群感受"小女孩一般的神情"，这是他认识萧红以来，从来不出现过的高兴的神情，赵凤翔在一文中说：

萧红到北京来的目的是消遣，她又没有别的同伴，于是就经常请舒群陪着她玩。他们有时去中山公园散步，在"公理战胜"的白石牌坊下面说古论今；有时去看美国明星嘉宝主演的好莱坞影片；有时去听富连成小班演唱的京戏；有时也去逛逛王府井大街、东安市场，每逢走到儿童服装店的橱窗前，萧红就踌躇不走，望着陈列的童装，思念她那没有下落的孩子；他们还常常坐在环行电车上兜风聊天；有时也去吃吃东来

①赵凤翔著：《萧红与舒群》《新文学史料》，人民文学出版社，1980年第2期。

顺。最畅快的一次是去攀登八
达岭，他们坐在火车上，穿
越过西郊风景区，来到了青龙
桥，在詹天佑的纪念像下面
转来转去，瞻仰这位工程师的
英姿，然后走过长长的山路，
向着长城的顶峰攀登，他们走
走，停停，停停，走走，一直
攀登到右手方向最高的那座烽
火台。萧红对长城的壮观发出
了无限的感慨，她接二连三地
向舒群发问：这偌大的长城是
怎样修建起来的？内外没有人
烟，这一块一块的巨石是怎样
搬运上来的？古时可以当作战

什刹海萧军故居外景

场，现在没有用了，真是劳民伤财。她想不到长城上面会如此地宽阔，
她最感兴趣的，是城墙边上的流水槽，上面雕刻着一个又一个精致的兽
头(这些兽头已于文化大革命期间被当做四旧破掉了)，兽头的模样十分地
逼真，从兽头的嘴里往外吐水，萧红因为喜爱美术，她看了又看，不住地
称赞。总之，他们在北京度过了短暂的快乐的时光，纯洁的友情温暖了萧
红的心，不久，五月的中旬，他们就分手了。①

　　《生死场》的手稿一直带身上，萧红和舒群分手时，话语中有一
种隐隐绝别的感觉，她对舒群说：“感谢你这么多年对我的帮助，特
别是《生死场》这部书稿是你帮助下完成的。我现在也没有什么报答
你的，就把这部手稿留做纪念吧。”手稿上有鲁迅先生用红色小楷字
的批注，舒群受先生这些字迹的影响，从此开始注意自己字的写法，

────────

①赵凤翔著：《萧红与舒群》《新文学史料》，人民文学出版社，1980年第2期。

这一小细节改变他对字的书写的严格要求。舒群将《生死场》手稿带身上，十分珍惜这段友谊。1938年，舒群和周立波陪同美国友人史沫特到山西平型关采访林彪时，一次急行军中被丢失，这是舒群后悔莫及的事情。

采访完李霄明，一个人坐在房间里，听着窗外的雷声，阴云密布的下午，我在遥远的城市，又一次走进历史中，去寻找丢失的真实细节。我听着雨声，写下一首小诗：

口腔里漫着一股羊肉味
我在2017的房间里
听着雷声
在房顶一层层叠起
滚来压去
我从济南乘一夜的火车
挂了一千多里路的旅尘
来到这个叫呼和浩特的城市
落地窗外的蒙古包式的建筑
没有给我太多的想象
我却回味萧红
走在历史的记忆里
我在雨中将度过一个新的下午

在印刷厂里，二萧终于看到半成品，一页页地摞放一边。萧红有些激动，漂泊的艰辛从身体里往外渗出，这和她在饥饿中得到"列巴"一样。萧红控制不住自己的兴奋，围绕摞起的页子，一遍遍地转悠，不时地伸出手摩挲。空气中饱含油墨的香气，她仿佛顽皮的孩子大口地吞吸。欣赏一阵后，萧红来到排版的师傅身旁，他正在排她的《夜风》。见到这两个大号的铅字，组合成她作品的名字，萧红情思涌动，回忆起写作时的情景，幸福感波浪一般地推来。

这不是一时的快乐，是命运中的大转折，萧红使用了"被大欢喜追逐着，我们变成孩子了！"，"大欢喜""追逐""变成孩子"，这几组词排列成一段话，白描当时的心情，这比使用一百个形容词，冲击阅读者的心。既然他们"变成孩子"，就要找一个娱乐的场所表现情感。他们走进公园坐在一棵大树下，看着往来的人群，纳了一会凉。他们背倚树身，萧红透过枝叶扶疏的缝隙，望着广大的天空，感觉自己长出翅膀，向远方快乐地飞去。上午公园里的游人不多，几个日本女人撑着伞走过，不远处小摊上，卖"冰激凌"的摊主，在板房里洗刷着杯子。萧红忙乎半天，兴奋耗掉很多的体能，这时她觉得口干渴了。看到"那一排排的透明的汽水瓶子"，在阳光下泛起晃眼的光斑，这些诱惑，对于萧红还未起太大的作用，她"还没喝过一次那样东西"。

萧红著《生死场》，鲁迅作序。

1936年舒群在哈尔滨

二萧的经济不富裕，不能乱花一分钱，即使最快乐的时候，也要节省每一个铜板，用到需要的地方。"我们回家去喝水吧。"家里的水管饱了喝，没有人敢过来收一分钱。

连环画《生死场》

话剧作品《生死场》

二萧合照

二萧回到家拉开第一扇门，挂着的大草帽被震落下来。他们喝足了水，萧红余兴未尽，便和萧军提出，戴上这顶大草帽，可以到江边散步，因为今天是值得记住的日子。

大草帽是两人谁戴在头上，萧红并无文字记下，只是说"赤着脚，郎华穿的是短裤，我穿的是小短裙子，向江边出发了。"

萧红今天特别高兴，话说得格外的多，按捺不住的情绪，总想做点事情。到了江边萧红建议：

"划小船吧，多么好的天气！"。

"就剩两毛钱……但也可以划，都花了吧！"

二萧选择一个小船，船舱底下铺着青草，弥漫浓烈的草香气，船两侧各有一副桨。他们相中船后，就和船夫讨价还价，双方不肯退让一步。经过一番的商定，一个小时所花费用是一角五分。二萧来时想得不多，并不打算游泳，所以未作准备。二萧坐在船上，握好桨摆好架势，船夫解开拴船的缆绳，把船向江心推去。桨在水中划动，翻滚的水花在船边往下流去，船向上游行走，江岸一点点退去。二萧在江水里随意地划，船行哪儿就哪儿，他们意外地遇到沙洲，这里和世外桃源一样，不大的沙滩突向江心。萧军抢先奔下船头，跳上沙滩。小船受到晃动，在水里起伏摇摆，萧红眼晕得厉害，不敢朝前迈一步。

最后在萧军的鼓励下，她走下摇摆的船，踏在坚实的沙地上。

这里独有一片风光，很少有船来往，萧军脱掉衣裳，一头扎进水中痛快地洗澡。萧红是女人，即使周围无一个人，也不会把自己赤身裸体地暴露。她左瞧瞧，右看看，江面上只有水鸟飞过，根本见不到人影。江边变得模糊成一条线，萧红迟疑一下，很少有这样的机会，在大自然中享受沐浴的快乐。她将船作为掩体，下到水中后才脱衣服。她不肯多往外游一寸，因为怕活动的水会卷走她。江水拍打船体，萧红扳住船帮，头浮水面上，温柔的水变得多情了，摩挲萧红的身体，很多的烦恼被水冲走了。水上波光粼粼，天空一片湛蓝，无一朵云絮，萧红赤身躺在沙滩，享受大自然的爱抚。从北面划来一只小船，使萧红慌张地爬起来，没有多余的时间穿上衣裳。她狼狈地爬下水，躲在船体的阴影中，目送远去的船，然后才又爬上沙岸。

萧红在水中的浸泡，洗掉身上的灰泥，一身轻松特别舒坦。她快速地穿好衣服，萧军的衣裳不见了，船的前后找一遍，他说洗完后就挂在船上，现在不知掉哪儿了。他们在水面上寻找，看到"远处有白色的东西浮着，他想一定是他的衬衫了。划船去追白色的东西，那白东西走得很慢，那是一条鱼，死掉的白色的鱼。"

衣裳被水卷走了，不知流向何方，对于本来经济困难的二萧，这是一件大事情，而萧军并不感到可惜。他光着膀子，从水中跌跌撞撞地上岸，一路大吵大笑，拎着一条捉上来的鱼，萧红感觉不到有啥好笑的，可能在江水里抓到鱼，是表现男人本事的机会。

99

娴静温顺的萧红，性格却十分豪爽。

"晚饭就吃这条鱼，你给煎煎它。"

"死鱼不能吃，大概臭了。"

他赶快把鱼鳃掀给我看："你看，你看，这样红就会臭的？"

直到上岸，他才静下去。

"我怎么办呢！光着膀子，在中央大街上可怎样走？"他完全静下去了，大概这时候忘了他的鱼。

我跑到家去拿了衣裳回来，满头流着汗。可是，他在江沿和码头夫们在一起喝茶了。

在那个样的布棚下吹着江风。

他第一句和我说的话，想来是："你热吧？"

但他不是问我，他先问鱼："你把鱼放在哪里啦？用凉水泡上没有？"

"五分钱给我！"我要买醋，煎鱼要用醋的。

"一个铜板也没剩，我喝了茶，你不知道？"

被大欢喜追逐着的两个人，把所有的钱用掉，把衬衣丢到大江，换得一条死鱼。

等到吃鱼的时候，郎华又说："为着册子，我请你吃鱼。"

8月14日，厂里的工人放假了，人们准备过中秋节。二萧实在等不及了，不愿再耽搁下去，找了一个印刷厂的师傅，请教装订的几道工序，然后动手为自己的书装订。装订这活看上去简单，其实是体力活。锤铁把丝钉敲进纸中，一下下的枯燥乏味，忙乎一整天，萧军用拳头捶打酸疼的后背，萧红有同样的感受。

萧军跑到街上叫来一部斗车，一百本册子全部装车上，拉回家中去。劳累一天的萧红坐在车上，注视一抹夕阳，马在街道上欢快地跑，脖子上的铜铃叮当作响。

下 篇

印象与记忆

小人物有二伯

萧红攀扶树枝，蹲在树杈上，望着一缕夕阳泼落树叶上。一阵小风吹来，拂动树叶发出声响。她透过纷乱的叶子，眺望墙外街道，行人急匆匆的脚步，房屋的门窗变暗了，一只野猫走在墙头上，对着下落的夕阳凄惨地大叫。

萧红从树上下来，后门一直敞开，等她回去吃饭。萧红不敢进去，怕脚步声惊动母亲，她走到屋前时，尽量不弄出响声，可是还未走到母亲的窗口，就听传来的声音：

"小死鬼……你还敢回来！"

萧红本能地往回返，身子紧贴墙根又溜走了。

2012年5月5日，天气闷热，外面的热浪缠裹人的情绪。下午的阳光更足，不愿走到户外，去和灼人的热碰面。我翻开书，看到萧红返身逃避母亲的叫骂，这时有二伯该露面，他是萧红童年喜爱的人物之一。萧红来到园子里的草丛边上，我急切地等待他们的会面。

萧红随手掐了一根草，将草叶叼嘴里。天一点点地黑透，一些她所认识的虫子，停止一天的鸣叫，而另一

幼年萧红与生母姜玉兰（1915年摄于呼兰）

生机盎然的后园

园子里的房子

伙虫子属夜猫子，清脆的叫声贯穿长夜。野草疯狂地长，萧红用手比划一下，它和她的脑袋一般齐。清香的野草味，浓度很高地往鼻孔里钻，风撩拨它们在耳边哼唱小歌，萧红心神不定，在野草和夜色的包围中，没有心思去听草的歌唱。院子里的另一侧，响起有二伯的大嗓门，他在训斥狗：

　　有二伯住着的厢房，纸窗好像闪着火光似的明亮。我推开门，就站在门口。

　　"还没睡？"

　　我说："没睡。"

　　他在灶口烧着火，火叉的尖端插着玉米。

　　"你还没有吃饭？"我问他。

　　"吃什……么……饭？谁给留饭！"

　　我说："我也没吃呢！"

　　"不吃，怎么不吃？你是家里人哪……"他的脖子比平日喝过酒之后更红，并且那脉管和那正在烧着的小树枝差不多。

　　"去吧……睡睡……觉去吧！"好像不是对我说似的。

　　"我也没吃饭呢！"我看着已经开始发黄的玉米。

　　"不吃饭，干什么来的……"

　　"我妈打我……"

　　"打你！为什么打你？"

　　孩子的心上所感到的温暖是和大人不同的，我要哭了，我看着他嘴角上流下来的笑痕。只有他才是偏着我这方面的人，他比妈妈还好。立刻我后悔起来，我觉得我的手在他身旁抓起一些柴草来，抓得很紧，并且许多时候没有把手松开，我的眼睛不敢再看到他的脸上去，只看到他腰带的地方和那脚边的火堆。我想说："二伯……再下雨时我不说你'下雨冒泡，王八戴草帽'啦……"

　　"你妈打你……我看该打……"

　　"怎么……"我说："你看……她不让我吃饭！"

萧红纪念馆前的宣传栏

萧红故居中有二伯的住房

"不让你吃饭……你这孩子也太好去啦……"

"你看，我在树上蹲着，她拿火叉子往下叉我……你看……把胳臂都给叉破皮啦……"

我把手里的柴草放下，一只手卷着袖子给他看。

"叉破皮……为啥叉的呢……还有个缘由没有呢？"

"因为拿了馒头。"

"还说呢……有出息！我没见过七八岁的姑娘还偷东西……还从家里偷东西往外边送！"他把玉米从叉子上拔下来了。

火堆仍没有灭，他的胡子在玉米上，我看得很清楚是扫来扫去的。

"就拿三个……没多拿……"

"嗯！"把眼睛斜着看我一下，想要说什么但又没有说。只是胡子在玉米上像小刷子似的来往着。

"我也没吃饭呢！"我咬着指甲。

"不吃……你愿意不吃……你是家里人！"好像抛给狗吃的东西一样，他把半段玉米打在我的脚上。

有二伯是个"跑腿子"，一人吃饱全家不饿。萧红的童年生活，如果少了有二伯，不知道该失去多少的乐趣。有二伯故意逗她高兴玩，她有时也动小心眼，一看到有二伯，马上冒出馊点子。她和孩子们趁有二伯不留神，冲上去抽他的腰带，或者准备好杆子，从后面对准他的破烂草帽一捅，草帽在空中滑落。有二伯露出花白的脑袋，受到突然的惊吓，脸上出现古怪的表情，萧红瞅着这一情景，觉得无比的开心，她们笑有二伯和"院心的大白狗一样"。

秋天是忙碌的季节，有二伯为冬天的到来做准备，望着一地的落叶，齐头高的野草变得枯萎，人心漫出淡淡的忧伤，他们怀揣各自的心事。

风到处游荡，那些无人住的空房子里，除了挂的蜘蛛网和积落的灰尘，剩下的就是堆满的阴冷。秋天越来越深，凉意一天天浓重，空场上的蒿草倒下来，后园子里的秧棵，一夜挂满白色的霜。墙根的老榆

后花园中的瓜棚

少年萧红，萧红与继母梁亚兰妹妹梁静芝（中）梁玉芝（左）。1926年摄于呼兰。

树没有落光叶子，几枚残叶仍旧随风摇摆，灰旧的天空，压抑人的情绪。云彩不像秋天那样舒卷，偶尔下一场秋雨，有时飘来一阵细雪。

萧红时常为发现一点新东西，什么不顾地登箱子，甚至攀上装旧货物的顶棚。

二层棚不是想象中的好玩，伸手看不见，黑暗中全凭感觉乱摸。萧红摸到一个小木箱，一股灰尘扑来，呛得她不敢大声咳嗽，怕被别人发现。萧红连拖带拉弄到棚顶出口的地方，借着一方光亮，看到木箱上的小铁锁。萧红的手被灰染得脏渍渍的，指甲缝里塞满泥垢。萧红的耳朵贴过去摇了几下，然后拍一拍，锁头里咣郎的发出响声。

第一次探险令萧红很失望，她无能力打开箱子，即使装一堆金银财宝，也毫无办法拿出，她重新把它送回原处。探和险是一对孪生的姊妹，一旦分开独立，就失去太多的意义。萧红是人小胆大，一上来"虎劲"，任何事情都敢做，于是又往角落的深处爬去。举架矮不能站起，这地方无一点光亮，全靠肢体的触摸，爬行是最快和安全的办法。手指如同触角，所遇到的东西，随时可以摸一下。当萧红再次碰到小琉璃罐，重新回到光亮处，她非常地高兴。罐里装的是黑枣，她如获至宝，抱紧宝物溜下来。她的脚尖勉强够箱子盖，好像受惊吓一样，身子猛然地缩回来，拉直的脚尖慌忙地抽回。萧红躲在暗处，蹲在那里犹如看戏一般，观察下面将要发生的情景。

萧红瞧着有二伯，眼睛贼亮地扫了一圈，接着打开她当梯子使用的箱子。有二伯得意地歪着头，牙咬着一块小东西，咬得直发响，放在掌中瞧，又用它触到箱子上。铜锁发出刺耳的响声时，萧红才看明白，他扭断的是铁丝。

他脱下帽子，把那块盘卷的小东西压在帽顶里面。有二伯真贪财，手忙乎半天，他将箱子翻个底朝天。"红色的椅垫子，蓝色粗布的绣花围裙……女人的绣花鞋子……"这些杂乱的物品被有二伯划拉上，还捎带上一只黄铜酒壶。萧红不知道他在做什么，他张开突绽青筋的胳膊，用力地摇动箱子。

萧红真急眼了，差点喊出声来。有二伯要是搬走箱子，她没有办法

故居附近被拆毁的老屋

萧红故居边上的老屋顶

萧红幼年使用过的炕被格

萧红曾经探险过的储藏室

110

下来，又不敢开口大叫，躲在这破地方等着喂耗子。有二伯几次抱起，又放下来，这一次次往返中，萧红的心提起，再跌落下去，闹得她快要叫有二伯别折腾了。

有二伯解下腰带，弯下腰去，把它横铺在地上，摞煎饼似的叠起椅垫，然后打着结，被捆束在一起。屋子里的灰尘多，还是做贼心虚，萧红听到有二伯喘息声，他怕走半路散架子，试着提了几下。

萧红蹲得腿发麻，怕动弹弄出的声响，会吓坏有二伯，盼他快点出去。萧红觉得有二伯鬼鬼祟祟的样子太好玩了，有二伯绝未想到，黑暗中有一双眼睛，监视他偷东西的经过，秘密早被人发现，萧红忍不住要笑出声。

有二伯带给童年的萧红很多的快乐，后来的漂泊途中，一想到家乡，就会想起园子里游荡的有二伯。侯国良是哈尔滨的画家，作为萧红同乡的他，对那片土地的风俗民情有着深厚的了解。他在《呼兰河传》中的插图，让人读后难以忘记。有二伯被一群孩子围观，他戴着那顶没有边沿的破草帽，不知是被萧红揭短，还是让别的孩子取笑，他扬起烟袋做出一个恫吓的动作。残豁的帽檐下，露出花白的头发和那张陈旧的老脸，突现出有二伯的性格。另一幅插图，是有二伯被萧红的父亲打了一顿，他横卧院子的中心，他破得草帽被打掉，头上是黑白搀半，

"而且黑白分明的那条线就在他的前额上，好像西瓜的'阴阳面'"看热闹的站得远远的，无一人上前安慰有二伯。画家对人物理解的透彻，土色的背景伸向画的外面，有二伯躺地上，两只手无力地张开。人群中扎辫子的小姑娘是萧红，双手插在裤兜里，这时一点不像童年孩子的神情，人世间的苦难，过早地降临她幼小的心灵中。一只黄毛大狗嗅着有二伯，不知眼前发生的事情是什么意思，它俩的脑袋几乎贴在一块了，乡村人和狗一样自然地活着，但活的意义不相同。画面干净，透露出一股凄美，画家并不是按照常规，画一些房子和大树做背景。漫延的土色，拉走阅读者的心，黄晓娟书中说：

　　作为一名作家，萧红特别忠实于不加雕琢地把自己历久不忘的人生经历和铭刻在心的情感体验铸成文字。尽管萧红很少在人物塑造、心理描写上使用笔墨，但她却能以敏锐的观察和深觉的热情去叙述童年的人和事，使她笔下的人物诚恳、自然。如在《家族以外的人》中，作者用充满稚气的话语，回忆了昔日同伴的音容笑貌和孩提时的天真烂漫的行为，更重要的是刻画了一位呼之欲出的人物——有二伯。儿童的眼里的有二伯是一个60多岁、目不识丁的落魄老头。他是萧红父亲的堂兄，但在张家的地位却是老长工。因为穷和无能，常常被主人、仆人甚至小孩子欺侮和嘲弄，他无法应付别人对他的进攻，他处在那样可悲的境地，却又非常爱面子，图虚名，常常用自我解嘲的方法求得精神上的欣慰，在当时的历史文化背景下，演出了一幕幕天真烂漫的喜剧。萧红用她细腻的文笔，儿童平淡的、流水账式的叙事方式，表现了有二伯栩栩如生的肖像，同时也清晰鲜明地重现了自己童年生活的场景以及天真淘气的面容，作品中的人物充满了自然的本性。这些来自时间的迁流不曾失去的儿童生动感觉，流露出她对已经逝去了的生活场景有着鲜明真切的记忆，对童年生活充满了温情。曾经有那样多的作家尝试复原自己失落的童心世界，而往往给人的感觉是时光不再、物是人非。可以说，萧红的作品提供了真正美学意义上

111

呼兰河边的湿地

冬天萧条的家

的童心世界，童年印象也是萧红作品中最具审美价值的部分。①

黄晓娟称有二伯是"呼之欲出的人物"，可见他在萧红心中的位置多么重要。萧红漂泊途中，不断地回到后花园，寻找童年的事情，她的记忆抚慰心灵的创伤。

北方的冬天说来就来，一场霜降过后，榆树的叶子，一夜间在寒风中落光，它是院子边上的一棵孤零零的老树，刮来的风都聚它的身上，一层层不停地摇撼，仿佛连根拔掉。清寒的夜晚，火炉坐的茶壶发出欢快的声响，人们躲在热炕头上，还要盖一条小被子。萧红趴在后窗，眺望那棵摇得疯狂的大树，这样的日子接连几天，不久大雪降临。

童年的萧红，盼着大雪下起来，老榆树白了，屋子顶白了。萧红穿得严实，不顾户外的寒冷，和别的孩子们玩堆雪人，憨笨的雪人费去很多的雪，动用铁锹、小铲子。孩子们玩累了，兴趣转移到别处。狗拉爬犁刺激情绪，大白狗的脖子被套上绳子，它不肯轻易就范，拖着一只爬犁跑。大白狗未受过这样的训练，不知该怎么走路。平常相处很好的小伙伴们，对它变得残忍无情，它直往狗窝里钻，认为那里是安全的地方，不至于再受折磨。大白狗往厨房里跑，因为有二伯在那里，他对狗儿最亲。孩子一边打它，不停地吆喝，大白狗不习惯，不服从命令地兜圈子，使爬犁上的孩子们倒扣雪地上，弄得他们大声惊叫。大白狗知道自己犯错误，站在一旁，看着一身雪的孩子们。每到这个时候，大白狗就会遭惩罚，不准许吃一口食物，还给它的嘴戴上笼头。

大白狗受不了报复，它饿得难受，不停地哀号，爪子刨着雪地，留下一片杂乱的污迹。院子里被狗弄得热闹，后来孩子们把大白狗拴马桩上，它不能得到自由，叫声凄惨难听。

有二伯出来，使大白狗解救下来，萧红看他的手颤抖得厉害。他将

---

①黄晓娟著：《雪中芭蕉》，第79页，北京：中央编译出版社，2003年版。

冬季的呼兰河

大白狗牵自己住的厢房里去，大白狗温顺的一声不叫了。过一会儿大白狗出来了，"背上压着不少东西：草帽顶，铜水壶，豆油灯碗，方枕头，团蒲扇……小圆筐……好像一辆搬家的小车。"

有二伯则夹着他的棉被。

"二伯！你要回家吗？"

他总常说"走走"。我想"走"就是回家的意思。

"你二伯……嗯……"那被子流下来的棉花一块一块的玷污了雪地，黑灰似的在雪地上滚着。

还没走到板门，白狗就停下了，并且打着，他有些牵不住它了。

"你不走吗？你……大白……"

我取来钥匙给他开了门。

在井沿的地方，狗背上的东西，就全都弄翻了。在石碾上摆着小圆筐和铜茶壶这一切。

"有二伯……你回家吗？"若是不回家为什么带着这些东西呢！

"嗯……你二伯……"

白狗跑得很远的了。

"这儿不是你二伯的家，你二伯别处也没有家。"

"来……"他招呼着大白狗："不让你背东西……就来吧……"

他好像要去抱那狗似的张开了两臂。

"我要等到开春……就不行……"他拿起了铜水壶和别的一切。

我想他是一定要走了。

我看着远处白雪里边的大门。

但他转回身去，又向着板门走了回来，他走动的时候，好像肩上担着水桶的人一样，东边摇着，西边摇着。

"二伯，你是忘下了什么东西？"

但回答着我的只有水壶盖上的铜环……咯铃铃铃咯铃铃铃……

他是去牵大白狗吧？对这件事我很感到趣味，所以我抛弃了小朋友们，跟在有二伯的背后。

走到厢房门口，他就进去了，戴着龙头的白狗，他像没有看见它。

他是忘下了什么东西？

但他什么也不去拿，坐在炕沿上，那所有的全套的零碎完全照样在背上和胸上压着他。他开始说话的时候，连自己也不能知道我是已经向着他的旁边走去。

萧红领教过有二伯耍的小花招，知道他又是从前那一套老路，她推开屋门，冲进冰天雪地里，寒气赶走身上的烟气味。刚才在屋子中注视烟的纹络，一圈圈地升腾，好像春天的雪一样化开，烟扑进萧红的眼睛里，寻找最佳的栖息地，烟咀嚼泪水，刺得眼睛一片模糊，甚至路看不清。

有二伯一副委屈的样子，蹲在火堆旁，烟仿佛是老榆树的枝条，在有二伯身上缓慢地生长。萧红第一次听老人伤感的哭声，使人承受不住，她只有一个想法，逃离得越远越好，不愿再听这种哭声。

萧红小学里萧红的雕像

萧红曾在这里上小学

萧红小学

　　虽然《牛车上》这故事不是完美无瑕，但它是个动人心弦的悲剧。集子中最后一篇是《家族以外的人》。这是个相当长的短篇作品（长达六十五页），是作者回忆她在呼兰的家乡和她那不寻常的亲戚有二伯的故事。在这篇清新可读的故事中，萧红不但忆起了昔日同伴的音容笑貌和风光景色，她简直要说是重新编织了童年的心曲。故事中充满着稚气的话语，天真烂漫的行为，以及说故事女孩的看法。写得如此逼真，不但书中的人物在读者眼中栩栩如生呼之欲出，即使萧红本人亦几乎被自己妙笔所欺。

　　这位所谓"家族以外的人"就是由说故事的眼中看到的有二伯。这个孩子常开有二伯的玩笑，她也不太明白有二伯干些什么，但偶尔会对这位老人说些真话。这个六十多岁，目不识丁落魄老头，和他七岁的侄女之间的关系，写得真实动人，令读者不期而然地想起了自己的童年和昔日玩伴。读者要从女孩的态度上间接观察出有二伯与女孩父母之间的不融洽的关系。这是一篇使人全神贯注，不忍释手的作品。萧红毫不费力将往事鲜明地呈现在读者眼前，使这故事更生动有力。[①]

　　太阳出来了，温暖地晒身上，阳光和雪形成的光，晃得眼睛不舒服。萧红寂寞地在院子走，她站在屋前的台阶上，老榆树枝上结满树挂，萧红说它们如同白石雕成的珊瑚树，厢房里有二伯的哭声被青砖墙壁挡住，被烟一点点地吞噬掉，变成翅膀向天空飞去。

　　冬天很快过去了，等气候转暖的时候，萧红上了附近的小学校开始新的生活。

　　有二伯从此不见了，这是哪一天的事情，萧红记不住准确的时间了。

① ［美］葛浩文著：《萧红传》，第63页，上海：复旦大学出版社，2011年版。

祖父和后花园

童年生活的乐园

萧红怀念地说，呼兰河是一座不大的小城，里边住着她的祖父。她出生时"祖父已经六十多岁了，我长到四五岁，祖父就快七十了。"

萧红家有一个大花园，种满植物和花草，引来蜜蜂、蜻蜓、蝴蝶、蚂蚱，常有鸟儿飞来，落在园角的老榆树上。蜻蜓披挂金装，蚂蚱是豆绿色的，蜜蜂嗡嗡地飞叫，栖落花上，吮吸蕊的营养粉，如同微缩的小毛球。

听大人们说，从前这里是一个果园，因为祖母喜欢吃果子，就开成一片果园。祖母还有一种爱好，伺养温驯的羊，散放的羊和祖母一样愿吃果子，它将果树皮全给啃了。受伤的果树被风吹，在阳光下曝晒，过不几天就都死了。萧红眼中的园子太大了，是每天玩耍的乐园，偌大的园子只有两棵果树，一棵樱桃树，一棵李子树。它们很少结果子，所以一般引不起萧红的兴趣，它们的存在与否不很重要。后花园有一棵大榆树，它在园子的西北角上生长，仿佛受气的小媳妇，时常吹来一阵大风，它个头高大，先是发出愤怒的号叫。阴天下雨，扶疏的叶子喝足了雨水，如同一朵冒出的绿蘑菇。雨过天晴后，太阳一钻出来，大榆树的叶子泛出绿光，滑爽的丝缎一样。

祖父不大愿意串门，懒得走出院子的大门，一整天待在后花园里，他总能找到活干，很少有闲住的时候。萧红是祖父的跟屁虫，祖

119

后花园中的小路

萧红祖父故居

萧红的祖父张维祯

父在前面忙，她在祖父的身后忙，"祖父带一个大草帽，我戴一个小草帽，祖父栽花，我就栽花；祖父拔草，我就拔草。当祖父下种，种小白菜的时候，我就跟在后边，把那下了种的土窝，用脚一个一个地溜平，哪里会溜得准，东一脚的，西一脚地瞎闹。有的把菜种不单没被土盖上，反而把菜子踢飞了。"

小白菜种下，不几天就拱出嫩芽了，经过阳光的抚摸，生长得非常快，睡一觉醒来，一眨眼的工夫，好像就能拔吃了。

祖父在前面锄地，萧红学着他的样子，一板一眼的锄地。萧红个头小，长得不如锄杆高，不可能拿动锄头干活，祖父拔掉锄杆，让萧红光拿锄头来铲。萧红认真起来，模仿祖父的一招一式，她哪里是铲，其实是在地上爬行，左边来一下，右边来一下地乱锄。萧红根本不识哪个是苗哪个是杂草。韭菜和野草分不清，干脆一古脑儿地锄掉，狗尾草留下，谷子被无情地消灭掉。

祖父弯下腰，注视萧红锄过的地方，他发现狗尾草留下一片，谷子蔫蔫地躺一边，祖父问："这是什么？"

萧红一脸得意地说："谷子。"

祖父的嘴角动了一下，然后大笑起来，他摘下草帽，露出一头花白的头发，笑呵呵地问萧红："你每天吃的就是这个吗？"

萧红不解地说："是的。"

萧红看着祖父，她很不高兴地说："你不信，我到屋里拿来你看。"

萧红转身向屋里跑去，不一会儿出来时，拿了鸟笼上挂的谷穗，不满意地丢给祖父。萧红不服气地说："这不是一样的吗？"

萧红出生在这间房子里

萧红降生的炕铺上

狗尾草一样的谷穗

后花园的简介

阳光照在房子上

园子里萧红的塑像

　　祖父告诉萧红，他说谷子和狗尾草可以乱真，仔细地一看，它们有很大的区别。谷子长满芒针，狗尾草毛茸茸的，果真像一条狗尾巴。

　　祖父形象地教导萧红，她并不用心去听，或仔细地看，而是三心二意地应下来。萧红看见架子上挂着黄瓜，便突然地跑过去摘下来。她揪去顶上的黄花，不假思索地吃起来。

　　黄瓜的刺有些扎手，清香溢满口里，几口就吃掉一半。黄瓜还不完，她的心思又转移，看见蜻蜓飞过，她干脆丢弃黄瓜去撵。萧红脚下是菜地，她不可能追得上，这不过是一场游戏，她一时兴奋，并不是想一定追上，还未跑几步远，就又做别的事情了。

　　对祖父与后花园的苦苦依恋，正是萧红失家的忧虑和无家的痛苦折射的结果。萧红后期的孤独与寂寞情绪的加剧，导致了她归家意识的活跃，现实的孤独与童年的孤独相契合，现实追求的不可得导致她转向童年记忆中的温馨回忆。冷漠的家逐渐淡去，以祖父和后花园景致为喻象的家的概念于记忆中冉冉升起。可以说，这时被蒙上梦幻色彩的童年记忆已逐渐取代了具体的有形的家的记忆，成了她无形的精神家园的喻象。这种情感的沉积在她生命中形成了潜在的源流，从萧红走出呼兰河的那一天起，它们就是一直影响着她的生活和创作，使其永无止境地在精神漂泊中执著地寻梦与寻根，特别是当她在思维和理智发展更加成熟时，她对童年生活的审视就更带有对生命的理性的批判特征。①

　　黄晓娟对于萧红的童年，尤其后花园有自己的理解。漂泊途中祖父和后花园，不仅是回忆的源头，而是她精神的寻找和寄托。

　　萧红玩腻歪了，又纠缠祖父去，她到哪里哪乱套。祖父忙着浇菜时，萧红上前抢过水瓢来浇，她由着性子，并不是把水浇在菜上，而是往天空中泼洒，不时大声喊道："下雨了，下雨了。"

　　园子里空旷，太阳显得特别大，光芒四处飞溅，晃得人睁不开眼

_____

① 黄晓娟著：《雪中芭蕉》，第77页，北京：中央编译出版社，2003年版。

萧红出生的地方

睛。萧红说"在太阳下的，都是健康的、漂亮的，拍一拍连大树都会发响的，叫一叫就是站在对面的土墙都会回答似的。"

2011年9月，我来到呼兰河这座小城，由于来时已到中午，萧红故居马上下班，下午1点开馆。我从未关上的大门，瞅院子里萧红白色的塑像，一道门隔住迈进的脚步。

下午来到故居，已经有参观者进去。我不是按序列参观，而是先奔后花园，这是我最想去的地方，人与人有缘分，我第一次认识萧红是冬天，从西伯利亚刮来的寒流，横扫长白山区，白雪封盖大地，一阵阵的风，卷着雪粒撞在玻璃上。后园里的两株杨树结满树挂，枝丫伸向天空。屋子里暖融融的，火墙的灶膛里燃烧的热烈，那年我只有十四五岁的样子，在父亲的书堆中找出萧红的书。那样的年纪不懂事，什么人生、文学，只知道有意思没有意思，好人坏人的一般审美层次。那时青春萌动，我还不懂得艰辛，不理解奔波操劳的滋味。三十多年过去了，我从黑土地漂泊黄土地，读了很多的书，有了大量的藏书，《呼兰河传》是我偏爱的一本书。每一次阅读，我都选择深秋和冬天，落叶凋零的日子，这时人产生愁思，一年即将过去，人长一岁，多了一份思念。这样的时候心静了，拉扯思绪走向梦一般的呼兰河。

园子中有张光复创作的塑像，萧红依偎祖父身上，手中举一朵野花。戴草帽的祖父，深情地望着孙女，目光中流出的情。她说的阳光照在他们的身旁，她的笑声穿越时空又响起来。

书中的萧红写道，"花开了，就像花睡醒了似的。鸟飞了，就像鸟上天了似的。虫子叫了，就像虫子在说话似的。一切都活了。都有无限的本领，要做什么，就做什么。"在后花园中，一切都是自由的她想做什么没有人会阻拦。倭瓜和枝蔓顺势而爬，想上架就往上爬，谁愿意上房，一股劲地往上蹿。"黄瓜愿意开一个谎花，就开一个谎花，愿意结一个黄瓜，就结一个黄瓜。"后园中的植物，它们和人一样忙碌地生长。

玉米仿佛任性的孩子，它随意长多高，就长多高，萧红高兴地说，"若愿意长上天去，也没有人管。"两只黄蝴蝶越过墙头飞来，有一个白蝴蝶从墙头上飞走了，奔向园外的远方。这些蝴蝶从哪里来的，又到哪里去，它们的家在什么地方？天上的太阳，不会知道这个秘密。

天空变得高远，如果飘来一片白云时，在祖父头上的天空飘过，要压落到草帽上。

萧红玩累了，不愿意回到屋子里，在炕上躺一阵子，她在房下背阴处，不需要铺垫和枕头，草帽往脸上一遮，倒头就睡了。

我家的后菜园种了各种花草，有晚香玉、夜来香、百合、西番莲……后窗下花丛中搭了一个小棚，是姐姐乘凉、学习的地方：夏天，也多半在这里读书。姐姐读起书来是不知疲倦的。有时到了吃饭时间，她还不回屋来，常常要人去喊她。姐姐喜欢在书里夹花叶，常常顺手拿起片花叶夹在书中"备忘"。姐姐还很喜欢画画，画小房、小鸟给爷爷看，还说长大要当画家。后来随着年龄的增长，连她喜爱的后花园也被丢在一旁，而钻进那个又小又黑、必须端灯进入的小后屋，翻腾着那些多年用不着的老古董。这可能是她有意避开令人厌恶的社会生活的一种反抗行为。[1]

学生时代的萧红

张秀琢的记忆中，祖父笑眯眯的，很少有发怒的时候。写下的每一个字，不仅是一种怀念，更多的是对人生的思考。萧红的弟弟回忆姐姐时，对于她和祖父的情感，有了深情的描述。祖父好像没有愁事的时候，他一天到晚，笑得和孩子一样纯真。

①张秀琢著：《回忆姐姐萧红》，第40页，北京：东方出版社，2011年版。

萧红快乐地成长

祖父是典型的北方人身材，大高个子，身体健硕，烟袋很少离开他的嘴上，烟草味影子一般，跟随他四处走。有时遇到小孩子，祖父愿意开个小玩笑，他高兴地说："你看天空飞个家雀。"

孩子们比较单纯，容易受骗上当，趁那孩子往天空寻找时，祖父把那孩子戴的帽子摘下来，藏在长衫的下边，有时塞进宽大的袖口里。祖父扬了一下手，他得意地说："家雀叼走了你的帽啦。"

萧红暗自发笑，瞅着祖父的表演，她对这套把戏太熟悉了。孩子们了解祖父的这一手"绝活"，并不会感到惊奇，而是抱住他的大腿，抬起小脑袋，注视笑呵呵的祖父，向他索要帽子，伸手摸袖管，扯拉大衣襟，折腾半天后，直到自己找出帽子。

祖父无更多的花样，常常使用这几招，孩子不止一次，在相同的地方找到帽子，祖父只是逗孩子开心，好像鼓励孩子："我就放在这块，你来找吧！"

这个时候，旁人看到祖父耍的小把戏，并不当场揭穿，也都大笑一阵，这并不是笑他变得手法好，而是天天用老一套，孩子们都学会了。

祖父是甩手掌柜的，对于家里的事情不愿插手，他对钱财不感兴趣，家中的一切大小事务均由祖母管理。祖父一身清闲，一天到晚自由自在，萧红长大了，有自己的想法。看着祖父孤单的背影，若不是自己陪祖父，不然他连说话的人都没有。萧红是祖父的影子，祖父牵着她的手从门里到门外，一双小脚踏上祖父的大脚印。祖父一般情况下，不走出家门，待在后花园里，萧红自然是跟祖父在后花园。

在当时那种重男轻女的社会里，萧红的出生无疑使张廷举姜玉兰夫妇不甚快慰；可是祖父对她还是特别喜爱的，他感到晚年的生活有了寄托。

当萧红一会走路时，祖父就领着她到后园子里玩耍，张家的后园子大约有200平方米左右。尽管不大，里边种植的样数却很多，有杨树、

每次过嘉陵江看着江水流走，她想起家乡的呼兰河，长夜里敲打的梆子声，浓重的思乡之情，一次次地扑向她的记忆。

萧红与家人在一起

柳树、榆树、樱桃树，以及种蔬菜，地边上还有各种花草。一到春天，大地从沉睡中苏醒过来，春风吹拂，积雪融化，树木抽出嫩绿的新芽，大地披上了新装；入夏，园子里景色更加绚丽多彩，使人眼花缭乱。五颜六色的花争相怒放，蝉飞蝶舞，空气馨香，令人陶醉。这就是萧红儿时生活的乐园。这个乐园开阔了她的视野，陶冶着她的思想，因而常常使她流连忘返。

因为祖父十分喜爱她，所以就未免有些惯纵她。为这事，她的父母很有意见，认为她是个女孩子，从小就应该温顺有礼。萧红却淘气不老实。为此父亲尤其看不惯，总是对她板着面孔。因而萧红从小对父亲就敬而远之。祖父则十分娇惯她，啥事没有不依着的。要啥给啥，愿意怎样玩就怎样玩。这就使她从小养成了一种比较随便而又特别任性的性格。①

在对待萧红管教的立场上，祖父和父亲的意见不一致，达不成统一的方法。偏爱和冷酷相互对立，造成的矛盾不可能和解。因为萧红是家中第一个孩子，小的时候，没有可玩的兄妹。萧红回忆时说，自己记事很早，祖母拿针刺她手指的事情，她一直忘不掉，所以她不喜欢祖母。2011年9月，我走进萧红祖母的屋子里，她在文章中写道，"我家的窗子，都是四边糊纸，当中嵌着玻璃"，这时不用纸糊了，窗子全部改为玻璃。人去屋空，一铺大炕上，空荡的无人居住，炕琴现在变成为展品。我坐在炕沿边上，听着窗外的声音，等待萧红童年时的笑声。祖母的窗纸白净，不允许有一点脏污，家人把她抱在祖母的炕边上，而萧红不管三七二十一就往炕里边

萧红的父亲张廷举

①王化钰著：《萧红家世及青少年时代》，第155页，哈尔滨：哈尔滨出版社，2003年版。

故居展出的萧红及其祖母用过的部分物品

小炕桌

跑。不到窗子跟前，便伸出小手指，把白窗纸给擢几个窟窿。窗纸绷得很紧，捅上去噗噗的声音刺激人的情绪。破窟窿挤进凉风，若不是人们大声喝制，萧红得挨排给捅破。那种破坏欲望，鼓动萧红忘记害怕，破得地方越多，对自己做的事情越得意。

有一天，祖母看到萧红来了，她早已盘算好了以后便躲窗外，拿了一个大针等待。萧红的指尖穿越窗纸，得意劲还没有上来，就被针扎中。萧红疼得大声叫唤，一滴血冒出来，祖母的阴谋得逞了，她给萧红一记深刻地教训。

从那以后，萧红记住祖母的针，一点不爱她了。

祖母不是不爱孙女，有好吃的也给她，有时给一块糖，就连"她咳嗽时吃猪腰烧川贝母，也分给我猪腰，但是我吃了猪腰还是不喜欢她。"她们是一对冤家，萧红年纪不大，但开始记仇了。

祖母病重的时候，萧红还惹得她吓了一跳。有一天屋子里安静，炭火盆上坐着药壶，祖母盘腿坐在炕上，一门心思地给自己熬药。萧红打开门，祖母不知道孙女进来，顽皮的萧红照板壁上，猛地捶了两拳，她听祖母哎"哟"的一声，火剪子吓得一脱手，掉落到地上。

祖母看到萧红的笑脸，二话未说破口大骂。萧红一边笑，转身向后花园里跑了，她怕祖母追上来，逃不出一顿揍。

祖父是一个闲人，祖母不分配给他做什么，但是"祖母的地榇上的摆设，有一套锡器，却总是祖父擦的。"这件事情萧红弄不清，是祖母让他做的，还是他主动揽过来的活。不管怎么说，萧红露出不高兴的样子，她认为做这个破烂活，不能和祖父到后花园里去玩了。然而祖父经常挨骂，祖母骂他擦得不干净，这么点的活也偷懒，祖母崩豆似的一阵骂，顺便捎带她一起骂。

祖父是萧红心中的神，此时神被污侮了，她自然奋起反抗。惹不起就躲得远远的，萧红拉起祖父的手，头不回地往外走，她一边走，不满意地说："我们后园里去吧。"

祖孙俩人来到后花园里，一肚子气顿时消散，这里是萧红的乐园。在后花园里，想看哪儿就看哪儿，不需要任何掩饰。人心更是快

133

生机盎然的后院

萧红给爷爷戴上玫瑰花

乐的，绝不是祖母屋子里狭窄的空间，还有她无情的骂声。泥土的气息在空气中弥漫，萧红感觉"人和天地在一起，天地是多么大，多么远。而土地上所长的植物又是那么繁华，一眼看上去，是看不完的，只觉得眼前鲜绿的一片。"

呼兰河这小城的生活可又不是没有音响和色彩的。

大街小巷，每一茅舍内，每一篱笆后边，充满了唠叨、争吵、哭笑，乃至梦呓，一年四季，依着那些走马灯似的挨次到来的隆重热闹的节日，在灰暗的日常生活的背景前，呈现了粗线条的大红大绿的带有原始性的色彩。

呼兰河的人民当然多是良善的。

他们照着几千年传下来的习惯而思索，而生活，他们有时也许显得麻木，但实在他们也颇敏感而琐细，芝麻大的事情他们会议论或者争吵三天三夜而不休。他们有时也许显得愚昧而蛮横，但实在他们并没有害人或害自己的意思，他们是按照他们认为最合理的方法，"该怎么办就怎么办"。[1]

萧红属于后花园，后花园是萧红的，一到那里，她的天性显现出来，所有束缚的东西被斩断。萧红选择"奔"字，表现当时的心情，大字下面的两条腿，呈现自由的向往。童年的萧红未经受人世间的太多苦难，做事情只是随性子而来，目标不明确。她尽情地奔跑，一身的力量不排除、跳尽，不可能安静一会儿。祖父怕累坏孩子的身体，不时地招呼，越这样相劝，她反而更不听话。

实在跳不动，不用祖父再叫了，她自己就会停住。坐下来不吱声，一只手撑地上，只是老实一阵子，不等祖父一袋烟抽完，萧红又发现新东西了，她重新活泼起来，短暂的休息宣告结束。

这棵老樱桃树长满叶子，却很少结果子。她歇足了后，不知为什么

---

[1]茅盾著：《论萧红的<呼兰河传>》，第23页，北京：东方出版社，2011年版。

跑到树下，仰起一张小脸，嚷着找樱桃。另一棵李子树，更是好死不如赖活的样子，不要说结李子，就连叶子都不多了，她在树下转悠，而且偏去找李子。萧红是认真的，目光在扶疏的叶子间趑摸，渴望发现一颗果子。萧红望着透过叶的缝隙，筛落的光斑，却没有要找的果子。她不甘心地继续找，一边还大声地问祖父："爷爷，樱桃树为什么不结樱桃？"

祖父抽着烟袋，不紧不慢地回答："因为没有开花，就不结樱桃。"

萧红有些着急，真想知道其中的原理，她不解地问："为什么樱桃树不开花？"

祖父注视围着树转的孙女，小嘴不住闲地发问，他顺口应答道："因为你嘴馋，它就不开花。"

萧红听明白其中的含意，这是嘲讽的话，她向祖父跑去，来到他的面前，故意刹不住往前冲的身体。萧红装作生气，要和祖父拌嘴的样子。等他抬起眼皮望着孙女时，目光中含满慈祥的爱，装模作样的她，立刻大声笑了。

后花园是一个植物园，除了李子树、樱桃树，还有五月开花的玫瑰。它在萧红的记忆中是那么的漂亮，她离开家乡在写作中回忆，"一直开到六月。花朵和酱油碟那么大，开得很茂盛，满树都是花香，招来了很多的蜂子，嗡嗡地在玫瑰树那儿闹着。"

萧红在后花园玩耍，也有玩厌的时候，她就找新的玩意。她看到开得热烈的玫瑰花，摘了一大堆盛满草帽。玫瑰花布满危险，摘花时不注意，就有勾刺扎破皮肤。童心是自由快乐的，她突发奇想，如果祖父戴一头玫瑰花该多么好看。

祖父不知她耍的小阴谋，蹲在地上拔草，萧红跟在一边，不断地给草帽插花。祖父不在意，他以为孙女捉弄草帽，当萧红围着草帽插了一圈，二三十朵通红的玫瑰花，如同燃烧起来一样。萧红对自己的杰作非常满意，不时地大笑起来，祖父抽了几下鼻子说："今年春天雨水大，咱们这棵玫瑰开得这么香。二里路也怕闻得到的。"

祖父怕是被花香薰醉，开始说醉话了，他把萧红逗得笑"哆嗦起来"。萧红笑得没有劲了，勉强将剩下的插上去。余下的玫瑰花插完了，祖父还是不知事情的真相，他照样一板一眼地拔草。萧红必须跑到远处，她到不怕花的香味，而是不敢再看祖父，肚子装满笑，控制不住地往外蹦。萧红有点饿了，干脆进屋找吃的来，可是她还未回到园中，祖父却也跟进屋里。

祖父是一朵花，满头的花朵被祖母撞见了，她二话不说，笑得弯下腰了。萧红的父亲和母亲被笑声吸引过来，见到祖父戴花的样子，也都放声大笑，当然事情的始作俑者萧红笑得厉害，她在炕上来回地打滚笑。屋子里堆满笑声，除了笑，还是笑，没有别的东西。

一家人的欢笑声中，祖父觉得有些不对劲，摘下草帽一看，插满玫瑰花，原来那香味是它们散发出来的，并不是春天雨水大的原因。祖父对于自己被蒙在鼓里，感到十分有趣，放下帽子，他控制不住地笑，停了一会儿，不仅又笑起来。

祖父是个大人，不会像孩子一样，笑过后就去做别的事情，萧红一看祖父恢复平静，她一本正经地提示说："爷爷……今年春天雨水大呀……"

每当一提起这事，祖父就想笑，而萧红笑得在炕上滚来滚去，将笑声碾压身下。一天天很快地过去，萧红快乐地成长。

137

喊诗的习惯不能改动

萧红的祖母死了，生活又恢复平静，她开始跟祖父学诗。祖父一个人住，屋子里显得空寂，她缠着祖父，一定要睡他的身边。

清晨睁开眼睛念诗，晚上睡觉前念诗，有时半夜醒了，萧红和祖父一句句地念诗，念累了，睡意也就来临。祖父教萧红念诗全凭记忆背诵，祖父想一下，然后就念一句，萧红学着念一句。

祖父抽一口烟袋，然后慢悠悠地说："少小离家老大回……"

萧红学着祖父的节奏说："少小离家老大回……"

少小、离家、老大回，这些字是什么模样，每个字都是哪些意思，萧红一点不了解，她只觉得诗从祖父的嘴里念出，那声音很好听，仿佛鸟儿唱歌一样。萧红被诗的韵律迷住，所以念诗是一件高兴的事，她跟着祖父大声地喊。

2003年，初冬，干燥的风挟着阴郁，灰云在天空重叠，几天不见太阳的出现。那一年是萧红的第61个祭年，我读新版的《呼兰河传》，这本纪念珍藏版的书，由中国青年出版社出版，是献给萧红最好的纪念。

翻开《呼兰河传》，正飘一场大雪，严冬的大地，裂着冻开的口子。萧红在书的开篇，就带我进入了呼兰河的冬天。赶大车的车夫，卖豆腐的人，背木箱子卖馒头的老头，在刮小刀子一样的风中出现。每一个人物表现生命的个性，自然而不模仿，萧红握笔的指尖微凉，触摸人物的辛酸和欢乐。一切尘事的繁杂，如过眼的烟云，我嗅到了往昔的气息，许多人故去了，"团圆媳妇"、"老厨子"、"有二伯"、"冯歪嘴子"、"祖父"仍活着。我被人间的悲离欢合扯得心隐隐地疼。

画家侯国良为此书作的插图，其中有一幅祖孙念诗图。后花园里，祖孙坐老榆树下，也许在世间年头太久，遒劲的枝干四处伸展，几乎占据整个空间。一轮圆月挂在梢头上，洒下一片银色的光，陪伴祖孙两人。大黄狗被祖父念诗的声音迷住，支棱耳朵听，不肯进窝睡觉。祖父坐在小方凳上，一边抽烟袋，不时地念出一句诗。而萧红干脆坐地上，双手托腮，集中精力地跟祖父念诗。这个构图简单，但充满情趣的画面，表达出画家对萧红人物的喜爱。

2012年5月12日，我又翻开这本书，看到这幅插图，听到萧红大声地念诗。萧红不是念诗，而是玩命地喊，五间房里的任何地方，可以听见喊诗声。萧红毕竟是个孩子，祖父怕喊坏嗓子，为了保护孙女，他不时地提醒说："房盖被你抬走了。"

祖父形象地比喻念诗的声音有多大，萧红觉得有意思，她就又大声喊起来。白天一家人还没有意见，到了夜里声音响亮，引得园子里

粉房

晾粉条的架子

的狗都叫了。母亲气得吓唬萧红，说如果她再这样喊，不但不让再念诗，还要给她一顿胖揍。

祖父心疼地说："没有你这样念诗的，你这不叫念诗，你这叫乱叫。"

童年的萧红对诗的理解，和大人们不相同，她觉得喊诗的习惯不能改动，诗喊出来别人才能听到，若是悄悄地念，还有什么意思。每次学新诗的时候，萧红一听开头，若不符合她的口味，感觉不好听，她不耐烦地说："不学这个。"

祖父想一想，就改换一个新诗，如果这个不合心意，她就要求再换。

"春眠不觉晓，处处闻啼鸟，夜来风雨声，花落知多少。"

诗中的鸟儿和落花，萧红感受在后花园一般，她喜欢这首诗。当念到"处处闻啼鸟"时，这两个"处处"引起她许多的想念，偌大的后花园里，哪都有鸟儿叫，每天老榆树上不是处处有鸟儿在歌唱么？她就高兴起来了。觉得这首诗实在是好，听"处处"有鸟儿叫声多好听。

"重重叠叠上楼台，几度呼童扫不开。刚被太阳收拾去，又为明月

萧红笔下的大坑，就在对面的大楼下

送将来。"是萧红喜爱的一首诗，其实，萧红对诗表达什么不知道，只是凭感觉好就好，"几度呼童扫不开"，念得都不准确，她说"就念成西沥忽通扫不开"。

萧红怎么听，怎么动听，诗的味越来越足。每当家中有来客，祖父招呼萧红念诗。那客人竟捡过年话，听不听懂谁也不知道，他不断地点头说好。

就这样瞎念，到底不是久计。念了几十首之后，祖父开讲了。

"少小离家老大回，乡音无改鬓毛衰。"

祖父说："这是说小时候离开了家到外边去，老了回来了。乡音无改鬓毛衰，这是说家乡的口音还没有改变，胡子可白了。"

我问祖父："为什么小的时候离家？离家到哪里去？"

祖父说："好比爷像你那么大离家，现在老了回来了，谁还认识呢？儿童相见不相识，笑问客从何处来。小孩子见了就招呼着说：你这个白胡老头，是从哪里来的？"

我一听觉得不大好，赶快就问祖父："我也要离家的吗？等我胡子白了回来，爷爷你也不认识我了吗？"

心里很恐惧。

祖父一听就笑了："等你老了还有爷爷吗？"

祖父说完了，看我还是不很高兴，他又赶快说："你不离家的，你哪里能够离家……快再念一首诗吧！念春眠不觉晓……"

我一念起春眠不觉晓来，又是满口的大叫，得意极了。完全高兴，什么都忘了。

但从此再读新诗，一定要先讲的，没有讲过的也要重讲。似乎那大嚷大叫的习惯稍稍好了一点。

"两个黄鹂鸣翠柳，一行白鹭上青天。"

这首诗本来我也很喜欢的，黄梨是很好吃的。经祖父这一讲，说是两个鸟。于是不喜欢了。

"去年今日此门中，人面桃花相映红。人面不知何处去，桃花依旧

养猪户窗前的猪槽子

笑春风。"

这首诗祖父讲了我也不明白，但是我喜欢这首。因为其中有桃花。桃树一开了花不就结桃吗？桃子不是好吃吗？

所以每念完这首诗，我就接着问祖父："今年咱们的樱桃树花开不开花？"

祖父对萧红不是训斥，而是一种开放式的引导。祖父对她古典文化的启蒙教育，以及早期的语言训练，对行文的感觉十分重要。萧红后来的文学创作，和童年背诗有一定的关系，祖父与后花园，构成她一生丰富的生活来源。

祖父仿佛是一棵树

小时候萧红，"除了念诗之外，还很喜欢吃。"记得在她家大门洞子往东边，是一养猪的人家，经常可以看见，大猪在前边哼哼地走，几只小猪崽子跟在后边。具体时间说不清了，反正有一天，一个小猪不小心掉进井里，大人们手忙脚乱，找来抬土的筐子，费了半天事把小猪从井里救上来。小猪早已淹死了，井边围一群凑热闹的人，祖父和萧红夹在其中观看。

祖父在一旁，吧嗒吧嗒地抽烟袋，小猪被打捞上来，还未等别人反应过来，祖父就对人说，这个小猪他要了。萧红不明白，为什么要已经死掉的小猪，她想问一下原因。祖父挖来一堆黄泥，把小猪严实无缝地裹起来，然后在灶坑里烧，烧了一段时间后，散发出肉香气，他扒掉烧成硬壳的黄泥，萧红吃到一顿风味特殊的小猪。

萧红感到这种吃法，味道特别香美，她第一次吃这么好的东西。还有一回，一只鸭子掉到井里了，祖父用上次同样的方法炮制，萧红大吃一顿。

这次萧红有了一定经验，她动手帮忙，两只小手和祖父一起团泥巴，不停地大声喊道，给祖父加油助兴。鸭子和小猪的肉味不同，鸭肉

143

淹死鸭子的水井

水　井

不肥不腻，烧的肉又嫩，所以萧红愿意吃鸭子。我是在文字中看萧红吃鸭肉，一阵肉香味从纸上升腾，祖父和我一样看萧红吃相。祖父在旁边抽烟袋，一缕缕烟雾在眼前散开，等萧红吃得差不多了，他才捡吃剩下的，他对萧红说，她的牙齿不长结实，先让她选肉多的地方吃。

萧红每咽一口，祖父就点一下头。而且高兴地说："这小东西真馋，"或是"这小东西吃得真快。"

萧红满嘴满手，弄得油渍渍的，往衣大襟上擦，祖父看孙女吃得不雅，一点不生气，他乐呵呵地说："快蘸点盐吧，快蘸点韭菜花吧，空口吃不好，等会要反胃的……"

祖父一边说，随手捏几个盐粒，放在鸭子肉上，萧红吃得正上劲，一张开大嘴，一块肉又进肚里了。

祖父被孙女的大吃迷住，不停地夸奖能吃，听到祖父的称赞，她吃得越多了。祖父最后发现问题，怕萧红吃多了，小肚子承受不住。她明白自己吃不动了，逞能地说："一个鸭子还不够呢！"

从那以后，萧红经常围绕井边转悠，等了很多天，也见不到鸭子掉井里。有一天萧红在井沿，遇到有几只鸭子觅食，她挥舞一根秫杆往井里轰，怎么赶鸭子就是不进去，在井口边转悠，呱呱地叫嚷。萧红实在无招了，她就对看热闹的小孩子说："帮我赶呢！"

井沿一阵热闹，鸭子被撵得四处逃窜，祖父从远处来到了，他看孙女跑得一头大汗说："你在干什么？"

萧红喘着粗气说："赶鸭子，鸭子掉井，捞出来好烧吃。"

祖父其实早看透孙女的心思，他耐心地劝道："不用赶了，爷爷抓个鸭子给你烧着。"

萧红被鸭子气急眼了，不听祖父的话，她不管不顾地追鸭子。祖父把烟袋搭肩上，过去拦住萧红的去路，一把抱在他的怀里，不停地给孙女擦汗，一边哄着说："跟爷爷回家，抓个鸭子烧上。"

萧红有些要赖，一阵狂撵后，累得不知何处发火。她生气自己抓不住一只鸭子，也不能让祖父来烧，她四肢乱踢腾，想从祖父的身上下来，大声宣战似地喊叫："我要掉井的！我要掉井的！"

呼兰河这小城里边，以前住着萧红的祖父，现在埋着她的祖父。

冬天萧条的呼兰河

祖父仿佛是一棵树，不管萧红怎样挣扎，还是稳稳地抱住她。

2012年5月12日，天阴沉沉的，我看到祖父抱起萧红的时候，窗外下起小雨。湿润的风涌进，我没有关上窗子，而是坐电脑前，敲出最后一个句号。萧红的笑声凝固时间中，她的文字至今还令我们感动。雨天我再一次读《祖父死了的时候》，这个不长的文字，使心痛难受到极点，和她写与祖父在后花园里玩耍的情景不一样，心境不同，情绪自然不会相似的。祖父和她分离两个世界里，祖父的笑语声只是记忆中的回味。

从这一次祖父就与我永远隔绝了。虽然那次和祖父告别，并没说出一个永别的字。

我回来看祖父，这回门前吹着喇叭，幡杆挑得比房头更高，马车离家很远的时候，我已看到高高的白色幡杆了，吹鼓手们的喇叭苍凉的在悲号。马车停在喇叭声中，大门前的白幡、白对联、院心的灵棚、

永远的祖父与永远的萧红

闹嚷嚷许多人，吹鼓手们响起呜呜的哀号。

这回祖父不坐在玻璃窗里，是睡在堂屋的板床上，没有灵魂的躺在那里。我要看一看他白色的胡子，可是怎样看呢！拿开他脸上蒙着的纸吧，胡子、眼睛和嘴，都不会动了，他真的一点感觉也没有了？我从祖父的袖管里去摸他的手，手也没有感觉了。祖父这回真死去了啊！

祖父装进棺材去的那天早晨，正是后园里玫瑰花开放满树的时候。我扯着祖父的一张被角，抬向灵前去。吹鼓手在灵前吹着大喇叭。

我怕起来，我号叫起来。

"咣咣！"黑色的，半尺厚的灵柩盖子压上去。

吃饭的时候，我饮了酒，用祖父的酒杯饮的。饭后我跑到后园玫瑰树下去卧倒，园中飞着蜂子和蝴蝶，绿草的清凉的气味，这都和十年前一样。可是十年前死了妈妈。妈妈死后我仍是在园中扑蝴蝶；这回祖父死去，我却饮了酒。

148

萧红长大了，祖父却老走了，她用祖父留下的酒杯，喝下人生的一杯苦酒，这样的告别比长哭还痛苦万分。萧红从此与祖父开始另一种精神上的相伴，每一个文字，每一段话语，她都讲述童年和人生。一场不大的雨，送来一份忧伤，读萧红的作品，心间总是生长出苦难的咸水。

冯歪嘴子的幸福

跑腿子冯歪嘴子

磨房里边，住着跑腿子冯歪嘴子，半夜响起梆子声时，透出一股苍凉。冬天的时候，寒冷冻僵梆子声，尤其窗子密封的严实，还稍微好一点。可是夏天，敞开的窗子，一点隔音效果没有，梆子声毫无防备的情况下，大方地跑进屋子，长在枕头上。

每一次萧红经过这里，很远就能闻到粮食味。后花园的墙根，春天时撒满种子，到了夏天"倭瓜、西葫芦或是黄瓜等类会爬蔓子的植物；倭瓜爬上墙头了，在墙上开起花来了，有的越过了高墙爬到街上去，向着大街开了一朵火黄的黄花。"1939年，有一段时间，萧红住北碚的黄桷树小镇上。每天端木蕻良忙自己的事情，寂寞的萧红经过一场生产，失去一条生命，而且离家越走越远。每次过嘉陵江，

让萧红又爱又恨的呼兰河

作者在这里寻找萧红的影迹

这里是复旦北碚旧址

现在附近的菜市场

老建筑存留旧日的气息

老旧的房子，萧红是否在这里走过。

流亡中的老复旦大学

历史依然在这里

呼兰画家关子昌《呼兰河市井风情图》中的十字街

今天的十字街

看着江水流走，她想起家乡的呼兰河，长夜里敲打的梆子声，浓重的思乡之情，一次次地走进她的记忆。她开始创作《呼兰河传》，有二伯、冯歪嘴子一个个人物被她记录下来。

2010年11月，北方进入冬季，而在重庆还穿着单薄的衣裳，走不出多远的路，身上就出汗了。江上的雾使对岸一片朦胧，我和高淳海走进下坝79号，一个蓝色的小牌子，孤零零地竖在门旁。这是我第二次去重庆，此时的江上已飞跨一座大桥，不必像当年萧红每次来北碚必须坐渡船。就是在这等船的过程中，一些人物悄然地出现，牵扯她漂泊的心灵。我们步行过江，走进复旦大学的旧址。

我是为了萧红而来，在这一片破旧的矮房子里，不知怎么寻找萧红当年去过的地方，她在那间房子生活过，没有人告诉我们。

这一年冬天，萧红和端木蕻良搬到黄桷树镇上秉庄的房子里。这是镇上唯一的一栋新式楼房。当时端木蕻良已是复旦大学新闻系教授，另外还有几个教授也住在这里。靳以就住在端木蕻良的楼上，因为在上海时就认识萧红，也写文章，所以时有往来。

这时候的萧红，身体和心情都开始变坏，消瘦，咳嗽，脸上失去血色，也失去了笑容。她完全把自己封闭起来了。

据说，复旦大学的教务长孙寒冰曾经找过萧红，请她担任一两节文学课，她谢绝了。要写作，就必须赢得支配自己的自由。她所以主动远离重庆文艺界，自然包含了为大家所知的理由，就是她和端木的关系得不到同情和理解，讨厌看到那对着她却是闪烁不定的、不坦率的、寓有责问的目光，甚至有可能从根本上憎恶这个男人集团。除此之外，恐怕还有一个重要的原因，就在于写作本身。

她认为，写作是个人的事，是在独立的房间里进行的，种种的文艺活动，实际上与创作毫无关系，而且会造成损害。在武汉，她曾经参加过两次文艺座谈会，在会上，她的意见就相当的孤立。关于文学与时代和生活的关系，她强调的是时代中的作家个体，强调生活的积淀及其思考，而不是进行中的生活，强调作家的精神、情感质量、沉

155

静的写作状态；强调相对完整的时间。在一批具有左翼倾向的作家群中，她声称："作家不是属于某个阶级的，作家是属于人类的。"文学的功能之一，她认为，就是同人类的愚昧作斗争。有各种各样的愚昧：国家中心意识是一种愚昧，男权中心意识也是一种愚昧。过去写《生死场》，今天写《呼兰河传》，都在持续着阐释这个母题。如果说过去的认识多少偏于经验和感受，那么现在显然注入了更多的理性，思路更清楚了，写作也更坚定了。

现在，她已经不需要哪一个权威肯定她，给她鼓动。真正的权威已经死了。随着鲁迅的去世，什么真理，什么正义，什么爱，这所有一切在萧红看来都已不复存在。所以，在返回故乡呼兰河的同时，她要重现他的生命、他的生活、他的少为人所知的人性的方面。一个人，只要怀着人类的梦想，内心充满自由、爱和温暖，他生存于这个世界本身，就是一种斗争。

她一而再地回到这样的一场斗争里。呼兰河和鲁迅，凝聚了人类的苦难、爱和抗争，这时构成了她生命的全部。回忆和写作使她充实。她愿意让自己陷入这中间。在实际生活中，和端木蕻良在一起，并不使她感到快乐，而是愈来愈疲乏、痛苦和沮丧。①

萧红开始创作《呼兰河传》，祖父、有二伯、冯歪嘴子，这些人物一一出场。她眼前出现爬蔓子的黄瓜，蹿满厨房的窗子，黄瓜的叶蔓，她说"细得像银丝似的"，清晨太阳出来时，细小的蔓叶上，涂抹一层釉似的光亮，"那蔓梢干净得好像用黄蜡抽成的丝子，一棵黄瓜秧上伸出来无数的这样的丝子。"这些丝蔓的尖顶，自然地卷曲，它们随着心性，攀附大树上，卷盘野草茎上，爬在墙头和窗棂。

对于这些细微的变化，尤其是那些丝蔓，一夜间发生的改变，令萧红难以相信。它们生长的速度太快了，仿佛眼瞅丝蔓在长。特别是当初种在"磨房窗根下的黄瓜秧"，悄然地生长，它们登上窗台，一夜

---

①林贤治著：《漂泊者萧红》，第245页，北京：人民文学出版社，2009年版。

左起：塞克、田间、聂绀弩、萧红、
端木蕻良、丁玲（后排）

萧红与端木蕻良

的工夫攀上窗棂，再过两天就挂黄花了。

夜露滋养瓜秧，大地不断地为它补充养分，不用过几天，一低头不留心，黄瓜梗大胆地跨过窗子，向高处的房顶爬去。一个个蹿向高处，织成绿色的大网，罩住磨房的窗子。

一整个夏天，绿色的小房格外显眼，而磨房里边的冯歪嘴子被包围其中，粮食的气味和绿色的清新缠绕不散。磨房唯一的窗子，现在让黄瓜的枝蔓遮掩，透不进光线，大白天的里面黑乎乎的，园子与磨房子里，被切割成两个不同的世界。

老实人冯歪嘴子随着磨房，被一分为二到后花园外去了。绿色的植物，掩盖风雨淋旧的土墙，从外边看起来，窗子好像新装修的一般，确实好看极了，点缀的黄花，结出的果子交织在一起。

萧红清晰地记得，"还有一棵倭瓜秧，也顺着磨房的窗子爬到房顶去了，就在房檐上结了一个大倭瓜。那倭瓜不像是从秧子上长出来的，好像是由人搬着坐在那屋瓦上晒太阳似的。"有时萧红和祖父在后花园玩时，冯歪嘴子的脸卡在窗子的中间，他亲热地喊萧红，向她索要黄瓜。

萧红高兴做这件事情，痛快地摘了黄瓜，踮起脚尖从窗子递进去。窗子被黄瓜秧封堵，交织严密得很，扒开叶蔓，从一条小缝中望到冯歪嘴子枯瘦的脸，一双温情的眼睛，他伸出手来接黄瓜。

有时候他不打梆子，叫萧红过来唠嗑，问她这几天黄瓜又长多大了？地上的西红柿红透了没有？冯歪嘴子的声音，穿越枝叶的缝隙，好像每句话被染成绿色。这一张窗子，将他们隔得遥远，萧红在一个地方，冯歪嘴子在另一个地方。

祖父在园子里的时候，他们隔着绿墙的窗口，东一句西一句地闲扯。冯歪嘴子平时，伴一头不会说话的驴，见到萧红的祖父格外亲切，他便把一肚子的话往外掏。他说拉磨的小驴，这几天蹄子坏了，走起路一瘸一拐。祖父慢悠悠地说，那赶紧请个兽医瞧瞧。冯歪嘴子叹气地说，早都看过了，一点不见好，也不知有什么偏方。祖父心疼地问，给驴抓得什么药？冯歪嘴子情绪不高地说，现在就使用老办法，"吃的黄瓜子拌高粱醋"。

158

冯歪嘴子的目光，被窗上的枝蔓分割得散开。祖父在窗外向里面望，磨房里白天也是黑沉沉的，他们互不见面，只能通过声音交流。

时常唠一阵嗑，祖父不和冯嘴子打招呼，自己回屋去了，只剩下萧红在墙根下边玩，她不时地听到冯歪嘴子说："老太爷今年没下乡去看看哪！"

萧红又来歪歪心眼了，里面传出的声音不去打断，告诉他祖父不在，而是故意的不出声，听他还会扯出什么有意思的话。

萧红觉得好玩，后来再控制不住笑了，她从坐的地上起来，不停地敲窗子，悬挂的黄瓜被震掉。"闯祸"以后，萧红一路笑着，跑进祖父的屋里，告诉他事情的经过。祖父听了以后，笑得嘴都不能合拢了，他劝萧红不要再笑，冯歪嘴子听到背后有人议论，人家多么不好意思。

家里的老厨子和祖父不一样，他故意地闹冯歪嘴子，在后花园摘茄子时，不停地和他谈天，两人看不到对方，谈到一半时，老厨子就悄悄地溜掉，回屋里做饭去了。冯歪嘴子看不到外面的情况，不知人早

窗外的阳光扑进来

磨坊中的磨盘

已溜走，他一个人说半天，感觉不到对方一点回应。

后花园里的人走空了，蜻蜓栖在叶蔓上，蝴蝶追逐花蕊，随意地飞舞，它们撞进冯歪嘴子的话声中，瞬间地掠过。冯歪嘴子自言自语地说，他的话孤零零地来到花园里，没有人接上茬。

过了好大一会儿，冯歪嘴子发现人家闹着玩，他这时又打起梆子来，孤独的声音跌落磨道上。

这时有二伯来了，他和冯歪嘴子"对撇子"，从来未溜走过，他问下雨时，旧草房顶漏得地方多不？晴天找时间苫一下，需不需要搭手帮忙，磨房里粮食残存渣子，引来的耗子多不多？

冯歪嘴子关心地问有二伯，今年后花园里的雨水大不？茄子、芸豆都快摘得差不离了，用不几天就罢园了吧？老哥俩有说不完的话，隔着一道墙，声音在枝蔓的间钻来钻去，沟通彼此的情感。有二伯的大嗓门在后花园回响，他说冯歪嘴子别老闷破房子里，到后花园里来看一下。冯歪嘴子的声音，带着阴冷的粮食味，从磨房的窗子里挤出，他说有二伯，那天拐一个小弯，有空到磨房坐一坐，哥俩喝上一口小酒。

"有空到园子里来走走。"

"有空到磨房里来坐坐。"

有二伯还要去做别的事情，不能唠的时间太长，他极不情愿地告别，走出后花园来。冯歪嘴子心敞亮了，梆子照旧敲打。

秋天是伤感的季节，大榆树的叶子黄了，纷纷落下，随风四处飘舞。墙头上的狗尾草，在秋风的吹拂下，失去往日的精气神，开始蔫巴了，后花园变得荒凉起来。几场风雨过后，磨房的窗子显露出来，纠缠的黄瓜秧败了，攀不住窗棂，不用人撕扯自己脱落了。

站在后花园里的远处，能望到窗子中间冯歪嘴子的脸，扒着窗框子，可以近距离地看拉磨的小驴，支棱一双耳朵，眼睛上蒙着眼罩。它日复一日地走，脚下踩出的磨道，不用看就知道怎么转。它每抬一次脚，一条后腿不正常有点瘸，一停下后，可能疼的关系，小驴三条腿支撑在地上。冯歪嘴子逢人便心疼地说，小驴的一条腿瘸了。

一到秋天，各种新粮食下来，冯歪嘴子闲不住，一天天地忙起来，他"三天一拉磨，两天一拉黏糕。黄米黏糕，撒上大芸豆。一层黄，一层红，黄的金黄，红的通红。"

冯歪嘴子开始卖黏糕了，推着木独轮车街上一走，孩子们跟后边，花钱买的不多，多数是凑热闹的人。

萧红的祖父、母亲，包括她自己特别愿吃黏糕。有时母亲想吃，就派老厨子出去买，高兴的时候支使萧红买。黏糕买得不多不少，一个人吃一片，这玩意不好消化，吃多了伤胃。

"黏糕"啦，冯歪嘴子吆喝声从墙外经过，听熟悉的梆子声时，萧红爬上墙头。因为年头久了，西南角上的土墙出了豁口，萧红扒上面，往外瞧热闹。冯歪嘴子一边吆喝，推着卖黏糕的独轮车，从远处走来。他注意墙头上的萧红，笑呵呵地问："要吃一片吗？"

萧红想吃也不敢说，因为她手头没有一分钱，她不说不吃，也不说吃。模棱两可之间，萧红不下来，两眼盯着冯歪嘴子。他猜透萧红的心思，急忙停下车子，切一片黏糕送上来。

161

一个意外的事情

有一天，母亲要吃黏糕，她便让萧红去买，由于去得稍微晚一点。黏糕已经出锅一会儿了。她来不及多想就买回来，可是回到家中一看，买得不对路。母亲告诉她买撒白糖的，但她买的却是点红糖的。错归错了，萧红端着黏糕，一路小跑地回去换，冯歪嘴子二话不说，格外地加切几片，均匀地撒上白糖。

萧红不好意思，接过黏糕想走的时候，随意地回头发现通往里屋的门，挂上一张布帘。好奇心驱使萧红探个究竟，掀开布帘子往里边一看，这一下不得了，炕上怎么会有一个小孩？

这不是听说的小道消息，萧红看到一个活人，她想把这个意外的事情，告诉祖父和家里人。她转身往家跑，跑得气喘不匀乎，就跟祖父讲冯歪嘴子家出事了。炕上有女人睡那里，被窝里边还有小

萧红爱吃的黏糕

孩子。

　　祖父抽着烟袋，烟雾在脸前升起，她看到祖父纳闷的样子。他半信半疑地催萧红快吃，吃冷黏糕胃会痛。萧红觉得这件事情太怪，不弄明白哪里吃得下去。从此以后，冯歪嘴子有陪唠嗑的人，再不会受老厨子的耍嬉，磨房里边从今往后热闹了，有小驴子，还有孩子的哭声呢。

　　这一番折腾，喜欢吃黏糕的萧红，无一点心思吃，她戴上皮帽子，再一次跑到磨房去。冯歪嘴子不在家，也不是去卖黏糕，因为车子停在磨盘的一边。

　　萧红一推开门，带进一阵风，吹起盖上的白布帘，风和寒冷形成一股势力。那女人一动不动，小孩子老实不哭，清寒中缺少一点人多的气氛。萧红扫了一眼屋子里，情况无大的变化，磨盘上多放"一个黄铜盆"，屋子里毫无热气，嘴边缠绕呼出的哈气，黄铜盆里的水，结出一层薄壳的冰，泡着一块破布，犹如一条死鱼。

拉磨的驴也怕冷，冬天搬进磨房里来了，它对发生的人事变化，无任何反应。小驴子站在那里，萧红清楚地记得，它"每天一样地麻搭着眼睛"。磨房里的一切照旧，罗柜、风车子、磨盘仍然原地不动，就连那些贼眉鼠眼的耗子，从墙根下钻出在房子里窜，毫无顾忌地乱叫。

萧红躲在棉衣里，棉皮帽子护着稚嫩的小脸。站在门口瞅半天，看不出新东西来，兴趣自然地消退，反倒觉得无聊。寒气一层层地渗进棉衣中，她打了几个寒战，转身想走的时候，发现瓦盆里隆起的冰。萧红感受寒冷的滋味，脚底一团冰冷上升，冷得不能站住脚了。

萧红往家中一阵快跑，一推开房门，还未迈进门槛，热气劈头盖脸地扑来。家里和磨房的温度天差地别，长时间待在清寒中，一下子卷进热气里，萧红的脸开始发烧。她想询问祖父，冯歪嘴子的磨房里，炕上的女人和小孩子是从那里来的。这时门再一次被推开，寒气挟着冯歪嘴子进来。多少年后，萧红记得那天他的样子，"戴着他的四耳帽子，他未曾说话先笑一笑的样子，一看就是冯歪嘴子。"

冯歪嘴子坐在那里，心中憋半天，有话说不出口来。右手不自然地摩挲椅垫子，左手拉着他的左耳朵。萧红的身子暖过来，她坐在一边，注视冯歪嘴子，感觉不住闲地摸垫子的手，肯定有什么心事，不好意思说出来。萧红年龄不大，但会揣摩大人的心思。冯歪嘴子话未从口中出，满脸挂满笑意，只是一个劲地笑，一句话不吐出，叫听话的人着急。

火炉烧得太热，摘下帽子的冯歪嘴子，一脸变得通红。这种局面维持很长时间，祖父很有耐心地等待，在一旁抽烟袋，后来冯歪嘴子说："老太爷，我摊了点事……"

祖父早估计到了，肯定这件事和炕上的女人和孩子有关，就问他摊了什么事呢？冯歪嘴子不和往常一样自然，不时地拨弄皮帽子，未说话他就先笑了，他不好意思地说："我成了家啦。"

这是个好事，可是冯歪嘴子说完后，竟然流出眼泪来，他心疼地

163

说："请老太爷帮帮忙，现下她们就在磨房里呢！她们没有地方住。"

冯歪嘴子的话音未落到地上，萧红实在等不及了，她抢先向祖父说："爷爷，那磨房里冷呵！炕沿上的瓦盆都冻裂了。"

祖父这时不抽烟袋了，他把孙女往一边推，萧红看到祖父想事的样子，她同情地说："那炕上还睡着一个小孩呢！"

祖父想了一阵子，让他们一家搬到装草的房子里暂时借住。冯歪嘴子听后，赶忙站起身来，弯着身子不断地说："道谢，道谢。"

冯歪嘴子的眼泪，又一次流出来，戴上狗皮帽子，他一脸被泪水打湿地走了。冯歪嘴子一走，身影在窗前一闪而过，祖父就对萧红说："你这孩子当人面不好多说话的。"

童年的萧红，不懂得这里有什么意思，不解地问祖父："为什么不准说，为什么不准说？"

祖父叹一口气，装满烟袋锅子，划了一根火柴点燃，抽起烟袋说："你没看冯歪嘴子的眼泪都要掉下来了吗？冯歪嘴子难为情了。"

苦难对于一个只有五、六岁的女孩子太遥远，她不可能知道这两个字的沉重。萧红在揣想，冯歪嘴子瞬间变化的神情，大老爷们会这么快地流泪，她一直弄不明白。

生长和奔跑的灵魂

萧红的文学直面人类，直面世界，旨在消除愚昧，说出真理，不为任何的意识形态和理念束缚，她的作品中没有丝毫刻板僵硬的概念化和先入为主的主观化色彩，有的是率真的、透明的、毫无造作的、本真的描写，呈现的是原野上自由自在生长和奔跑的灵魂和生命。[①]

学者于文秀认为，萧红不是一个普通的女性，能被什么左右，她一直追求的是自由的人生，她的灵魂在生命中奔跑。

①于文秀著：《萧红：命薄如花 流芳百年》《光明日报》，2012年1月9日。

这天快到晌午，一阵争吵声从磨房里传出。冯歪嘴子站在磨盘的旁边，一声不响地耷拉脑袋。他的掌柜手中拿着烟袋，在他的眼前比划，不时大声地咒骂。掌柜的老婆更是跳脚，祖宗三代没有一个不挨她的骂。她拍的风车子啪啪地响，骂从口中往外喷："破了风水了，我这碾磨房，岂是你那不干不净的野老婆住的地方！"

"青龙白虎也是女人可以冲的吗！"

"冯歪嘴子，从此我不发财，我就跟你算账；你是什么东西，你还算个人吗？你没有脸，你若有脸你还能把个野老婆弄到大面上来，弄到人的眼皮下边来……你赶快给我滚蛋……"

冯歪嘴子忙回应地说："我就要叫她们搬的，就搬……"

掌柜的老婆一脸凶相，不讲情面地说："叫她们搬，她们是什么东西，我不知道。我是叫你滚蛋的，你可把人糟蹋苦了……"

炕上躺着女人和孩子，可怜地望着冯歪嘴子，掌柜的老婆往炕上一看，她心疼地说："哎呀！面口袋也是你那野老婆盖得的！赶快给我拿下来。我说冯歪嘴子，你可把我糟蹋苦了。你可把我糟蹋苦了。"

磨房和冻窖一般，找不到一丝热气，小孩子在这寒冷中睡得香甜，身上盖一条面口袋，遮掩小脸。掌柜的太太看到这一切，几乎从地上跳起来地喊："给我拿下来，快给我拿下来！"冯歪嘴子赶紧走过去，将几条面口袋拿下来了，孩子冻得通红的小手露出来，突然受到刺激，小手哆嗦地摇动，接着放声大哭。孩子一哭，从嘴里吐出的哈气，很快被清寒吞噬掉。

掌柜的太太，并无一点同情心，她接过面口袋，恶狠狠地说："可冻死我了，你赶快搬吧，我可没工夫跟你吵了……"

说着开了门缩着肩膀就跑回上屋去了。

王四掌柜的，就是冯歪嘴子的东家，他请祖父到上屋去喝茶。

我们坐在上屋的炕上，一边烤着炭火盆，一边听到磨房里的那小孩的哭声。

祖父问我的手烤暖了没有？我说还没烤暖，祖父说："烤暖了，回家罢。"

从王四掌柜的家里出来，我还说要到磨房里去看看。祖父说，没有什么的，要看回家暖过来再看。

磨房里没有寒暑表，我家里是有的。我问祖父："爷爷，你说磨房的温度在多少度上？"

祖父说在零度以下。

我问："在零度以下多少？"

祖父说："没有寒暑表，哪儿知道啊！"

我说："到底在零度以下多少？"

祖父看一看天色就说："在零下七八度。"

我高兴起来了，我说："哎呀，好冷呵！那不和室外温度一样了吗？"

我抬脚就往家里跑，井台，井台旁边的水槽子，井台旁边的大石头碾子，房户老周家的大玻璃窗子，我家的大高烟筒，在我一溜烟地跑起来的时候，我看它们都移移动动的了，它们都像往后退着。我越跑越快，好像不是我在跑，而像房子和大烟筒在跑似的。

我自己玄乎得我跑得和风一般快。

我想那磨房的温度在零度以下，岂不是等于露天地了吗？这真笑话，房子和露天地一样。我越想越可笑，也就越高兴。

于是连喊带叫地也就跑到家了。

冯歪嘴子搬家，将家从磨房搬到草棚子里去了。这段距离不长，但对于他却有不一样的意义。小孩子的哭声很大，扯破冻结空气的清寒，这是一种宣战，带给冯歪嘴子未来和希望。

萧红愿意凑热闹，草房里住进人了，一下子变得有生气，她又想去看看。这回第一次看到女人，披着一条被子，大辫子搭身后。她的身子朝里面，坐在一堆草上，看不到她在干什么。木门一响过后，她一扭过头来，她们相望的一瞬间，萧红认出这个女人，她就是邻居老王家的大姑娘，平时见面叫王大姐。

怎么会是她呢？这是不可能的吧，奇怪的问题纠缠萧红。刚才她一回头，萧红不相信自己的眼睛，吓了一大跳。萧红又有新的发现，没有和王大姐打招呼，返身就想往家里跑。她要在第一时间告诉祖父，冯歪嘴子的老婆是老王家的姑娘。王大姐看到萧红微微一笑，不说一句话。这一笑表达了一切话语，萧红只是注视，却不知如何回应。

过去后花园里的菜多了，吃不完的时候，王大姐时常提筐来，摘茄子、黄瓜等菜回家去。平常她能说会笑，说话的声音响亮，每一次打照面，她不分时间的早晚，总是先问一句："你吃饭了吗？"在很远的地方，即使隔一堵墙，听声音就知道是谁了。

王大姐的父亲是车把式，她经常帮助父亲去井上饮马。她的手脚利索，三提两拉能打满一桶水。她父亲在一旁，别人看了羡慕地说："这姑娘将来是个兴家立业好手！"

萧红太贪玩了，直到晚上，她才把所见所闻告诉祖父。祖父没有惊讶的样子。看来他已经知道很多，萧红接着说："那小孩还盖着草呢！"

祖父不紧不慢地答应："嗯！"

萧红疑惑地说："那不是王大姐吗？"

祖父不肯多说一个字，只是回答："嗯。"

晚上家人聚在煤油灯边，你来一句，我往一段话，声音在空中飞来舞去，变得十分热闹。有人同情地说，王大姑娘这么回事。也有人说，"王大姑娘那么着……说来说去，说得不成样子了。"

王大姑娘的事情，是萧红最先发现的，所以她从不背后说孬话。不管是谁说王大姑娘的坏，这个人肯定不是好玩意。

有二伯说："好好的一个姑娘，看上了一个磨房的磨倌，介个年头是啥年头！"

老厨子说："男子要长个粗壮，女子要长个秀气。没见过一个姑娘长得和一个扛大个的（扛工）似的。"

有二伯也就接着说："对呀！老爷像老爷，娘娘像娘娘，你没四月十八去逛过庙吗？那老爷庙上的老爷，威风八面，娘娘庙上的娘娘，温柔典雅。"

老厨子又说："哪有的勾当，姑娘家家的，打起水来，比个男子大丈夫还有力气。没见过，姑娘家家的那么大的力气。"

有二伯说："那算完，长的是一身穷骨头穷肉，那穿绸穿缎的她不去看，她看上了个灰秃秃的磨倌。真是武大郎玩鸭子，啥人玩啥鸟。"

第二天，左邻右居的都晓得王大姑娘生了小孩了。

周三奶奶跑到我家来探听了一番，母亲说就在那草棚子里，让她去看。

她说："哟哟！我可没那么大的工夫去看的，什么好勾当。"

西院的杨老太太听了风也来了。穿了一身浆得闪光发亮的蓝大布衫，头上扣着银扁方，手上戴着白铜的戒指。

一进屋，母亲就告诉她冯歪嘴子得了儿子了。杨老太太连忙就说："我可不是来探听他们那些猫三狗四的，我是来问问那广和银号的利息到底是大加一呢，还是八成？因为昨天西荒上的二小子打信来说，他老丈人要给一个亲戚拾几万吊钱。"

说完了，她庄庄严严地坐在那里。

我家的屋子太热，杨老太太一进屋来就把脸热的通红。母亲连忙打开了北边的那通气窗。

通气窗一开，那草棚子里的小孩的哭声就听见了，那哭声特别吵闹。

"听听啦，"母亲说，"这就是冯歪嘴子的儿子。"

"怎么的啦？那王大姑娘我看就不是个好东西，我就说，那姑娘将来好不了。"杨老太太说，"前些日子那姑娘忽然不见了，我就问她妈，'你们大姑娘哪儿去啦？'她妈说，'上她姥姥家去了。'一去去了这么久没回来，我就有点觉景。"

母亲说："王大姑娘夏天的时候常常哭，把眼圈都哭红了，她妈说她脾气大，跟她妈吵架气的。"

杨老太太把肩膀一抱说："气的，好大的气性，到今天都丢了人啦，怎么没气死呢。那姑娘不是好东西，你看她那双眼睛，多么大！

我早就说过，这姑娘好不了。"

杨老太太皱巴巴的嘴，俯在母亲的耳朵上，竖起的右手，遮挡成一堵墙，怕声音传出去被别人听到。杨老太太的举动，营造一种神秘的气氛，她说了几句悄悄话，一边说一边笑地走了。她有事到我家里来，这时忘得一干二净。杨老太太和周三奶奶，还有粉房里的人，同院住在一起，平时相处得都很好，却背地里嚼舌头，说王大姑娘的坏话。

黑暗中的一线光明

冯歪嘴子所承受的压力，一般人理解不透。幸灾乐祸的人，等待发生惊天动地的大事。萧红写道"没有上吊，没有自刎，还是好好地活着。过了一年，他的孩子长大了。"

日子如同呼兰河的水一样，从上游流往下游，什么事都未曾出现。萧红家过年杀猪时，冯歪嘴子过来帮忙，刮猪身上的毛。晚上留他吃饭，喝完酒他走的时候，祖父让他捎几个馒头，他往腰里一掖就走了。

冯歪嘴子乐意来帮做点事，磨豆子做小豆腐，推红黏谷做黏糕，忙完这些活，祖父招呼冯歪嘴子来吃饭。吃饭的时候，老厨子逗他说："冯歪嘴子少吃两个馒头吧，留着馒头带给大少爷去吧……"

这些玩笑没有恶意，冯歪嘴子听了以后，并不觉得难为情，他一本正经地说："他在家里有吃的，他在家里有吃的。"

每一次吃完饭，祖父不忘了说："还是带上几个吧！"

冯歪嘴子也不客气，馒头太热了，寻思半天往哪儿放。放在腰里烫肉，搁在袖子里不小心掉了。老厨子看了说："你放在帽兜子里啊！"

这招特别好使，冯歪嘴子果然摘下帽子，兜几个馒头回家。邻居谁家办红白喜事，冯歪嘴子凑份子，席间肉丸子上来，有人就闹他说："冯歪嘴子，这肉丸子你不能吃，你家里有大少爷的是不是？"于是

169

把冯歪嘴子的两个肉丸子夹出来，放在一边的小碟里。上来红烧肉，也是采取同样的办法。

对于这样的玩笑，冯歪嘴子不生气，知道大家是为了他儿子。等宴席散伙，他小心地用手巾包好，高兴地带回家，把幸福的喜悦带给家人。

就像她自己其他成功的作品一样，萧红的《呼兰河传》所包含的题材，细腻的笔法，以及对平凡的日常生活细节的强调，都非常出色。但我们如将上述优点断章取义，就有欠公允了。它们辉煌的成就仅只是整体的一面，其中每一部分都对全书有所贡献，同时对全书中所呈现的沉郁气氛也不能辞其咎。萧红对故事中明显的悲观口吻不是没设法有所调剂：虽然在她笔下的农人们整体而言是有着保守的劣根性——愚昧无知——但另一方面萧红还是一一仔细地叙述他们与生俱来的善良秉性、勇敢及可塑性。例如她叙述书中有一个人即使面对悲惨绝境仍能不顾他同侪的冷眼而继续生存下去。该书中最后一章冯歪嘴子的故事，就是叙述那个可怜的人。冯歪嘴子是个质朴而勇敢的推磨匠，因为他与众不同的生活方式和言行，使他受尽了人们的冷嘲热讽。他的短暂而幸福的婚姻使邻人们既美且妒。后其爱妻因生老二难产去世，给予那些邻人幸灾乐祸的机会。而冯歪嘴子拒受那些人的激怒恐吓，终以坚毅的精神克服困难。此故事是该书黑暗中的一线光明。

《呼兰河传》是中国文坛上一部非常独特的小说，但在萧红作品中，该书却仅是她那注册商标个人"回忆式"文体的巅峰之作。想在该书中找寻积极性人物的读者是注定要大失所望的。茅盾在该书序言中论书中人物时曾说："磨倌冯歪嘴子是他们中间生命力最强的一个——强得使人不禁想赞美他。然而在冯歪嘴子身上也找不出什么特别的东西，除了生命力特别顽强，而这是原始性的顽强。"他所说的大体上是有理的。但在他政治的"马眼罩"蒙蔽下，却使他无法替冯歪嘴子说句公道话，也使他没机会好好研究一下像有二伯等与众不同的人物（其实小说中的人物并不一定要如茅盾所说那样，非积极性人物

王大姑娘家的土炕

不能引人入胜）。我们仔细分析的结果，这小说是整个呼兰河县城的写照，呼兰县城才是全书的主角。①

一晃又是两三年过去了，冯歪嘴子在欢喜中，等待第二个孩子的到来。他整天乐得合不拢嘴，两只胳膊甩来荡去。

冯歪嘴子在街头，有人故意地问："冯歪嘴子又要得儿子了？"

冯歪嘴子十分得意，却装出一副平静的样子，说这不过是水到渠成的事么，有什么大惊小怪的。回到家里时，他看见老婆端着一个大盆，便急忙地接过去说："你这是干什么，你让我来拿不好么！"

王大姐的身子，一天天瘦下来，脸色苍白无血色，眼睛变得更大了，露出不安的神情。冯歪嘴子心疼地说，生完孩子过后，多吃几个鸡蛋补补。

①葛浩文著：《萧红传》，第112页，上海：复旦大学出版社，2011年版。

冯歪嘴子家里蕴满快乐，挂了一条新窗帘。普通的人家不过年节，没有大事小情，是不肯花钱买新窗帘，这样别人瞧不起，说他家不会过日子。从这更替窗帘的过程，看出他的心情和期待。

这是一年中美好的季节，太阳一落山，风就起来了，出门得穿夹衣裳。吃完晚饭以后，很少有乘凉消热的人，院子里变得寂寞了。天一黑鸡鸭上架了，猪被轰进圈里，狗钻进窝中，还不忘了管闲事，听着园子里的动静。萧红的文字中透出伤感的情绪，这不是渲染气氛。这样的时节，悲哀不肯老实地待住，它要让痛苦掠过人们的心头，萧红无力帮助他们，她只能看着悲剧的发生。

这天夜里，风不停地狂叫，冯歪嘴子的老婆突然死了。第二天清晨，大群的乌鸦，遮天蔽日似的扑来，哇哇地叫声，扯得人心碎裂成瓣，邻居们都给冯歪嘴子的老婆送殡。乌鸦在大人小孩的眼中是不祥之鸟，看到它要朝地上吐口唾沫，跺三脚祛邪气。乌鸦一般情况下是黄昏时分，要不就是清晨才飞过。这群乌鸦闻到死亡的味道，不知从何处赶来，又要飞哪里去。

生与死在孩子们的眼中不是可怕的事情，因为他们还未长大，不懂人世间的事情。萧红凑在人群中，看着冯歪嘴子的眼泪，跟在那口薄棺材的身影，心中装满同情和可怜。她讨厌这群乌鸦，披着一身黑衣裳，人都哭得和泪人一样，它还不住闲地吵。萧红听别人说，乌鸦跟着死人过河，到南岸柳条林里去。这片林子里装满神秘，"过到那柳条林里去做什么，所以我不大相信。不过那柳条林，乌烟瘴气的，不知那里有些什么，或者是过了那柳条林，柳条林的那边更是些个什么。站在呼兰河的这边，只见那乌烟瘴气的，有好几里路远的柳条林上，飞着白白的大鸟，除了那白白的大鸟之外，究竟还有什么，那就不得而知了。"

对于一些事情，萧红只是听人们议论，根本不明白其中的事理。人们在一起说，冯歪嘴子的女人不是正常死亡，而是产后死掉的。老一代传下来说，遇上这样的女人，大庙不肯收她，小庙也不会留下。

萧红站在大门口，看见送葬的队伍走去，冯歪嘴子的儿子还不懂事，小小的个子，举着灵头幡，送他再也见不到的母亲。

在悲伤的文字中，萧红不使用一个形容词，只是描述了前后的过程。多少年以后，南国的细雨中，望着被淋得鲜绿的黄楠树，回忆小时的情景。她看到"那灵头幡是用白纸剪的，剪成络络网，剪成胡椒眼，剪成不少的轻飘飘的穗子，用一根杆子挑着，扛在那孩子的肩上。那孩子也不哭，也不表示什么，只好像他扛不动那灵头幡，使他扛得非常吃力似的。"队伍越走越远，萧红一直看着他们穿过东大桥，变成一个黑点，后来看不见了。

乌鸦群轰的一声，在头顶上呱呱地聒噪。

这孩子眼看着就大了

冯歪嘴子的幸福，是一坛没有酿成的老酒，散发不出醉人的芳香。邻居们可怜他们父子，不知道日子还怎么过下去。过去一个人熬，敲打梆子度过孤独的时候，现在不行了，大小孩子张嘴等待糊口度日。冯歪嘴子麻木了，萧红年纪不大，却很关心他的好坏。他时常眼中积满眼泪，可是大儿子拉着小驴从眼前走过，去井沿饮水。他抹一下泪，破涕为笑地说："慢慢地就中用了。"

对于生活曾经寄以美好的希望但又屡次"幻灭"了的人，是寂寞的；对于自己的能力有自信，对于自己工作也有远大的计划，但是生活的苦酒却又使她颇为悒悒不能振作，而又因此感到苦闷焦躁的人，当然会加倍的寂寞；这样精神上寂寞的人一旦发觉了自己的生命之灯快将熄灭，因而一切都无从"补救"的时候，那她的寂寞的悲哀恐怕不是语言可以形容的。而这样寂寞的死，也成为我的感情上的一种沉重的负担，我愿意忘却，而又不能且不忍轻易忘却。[1]

---

① 茅盾著：《论萧红的〈呼兰河传〉》，第20页，北京：东方出版社，2011年版。

茅盾先生

　　茅盾分析了萧红的内心世界，她把美好和希望，变作一次次的"幻灭"，当幸福和绝望碰撞到一起，发生强烈的反应，结果是难以承受的一种东西。一个个文字写在纸上，它们经过情感和思想的润饰，在记忆中复活时间，对于远在他乡的漂泊者来说，瞬间涌现的回忆是疼痛的打击。

　　别人觉得活不下去了，不知该如何面对现实的时候，冯歪嘴子的小孩子，已经长到七八个月，学会拍手掌了。这么简单的动作，将冯歪嘴子心中结的痛苦的冰拍碎了，萧红看到"他就眉开眼笑的"。

　　冯歪嘴子说："这孩子眼看着就大了。"

　　冯歪嘴子盼儿子快点长大，他现在的幸福观，就是瞅着老大去井边饮驴。小儿子嘴笑，会兴奋地拍手了，摇头逗人乐了。给他吃东西时，伸出一双小手来接了。

　　冯歪嘴子在呼兰河这小城里生活着。

心灵的荒凉

一

萧红家的院子里，长了很多的蒿草，飞舞精灵一般的蜻蜓，她说"那蜻蜓是为着红蓼花而来的"。

这里是萧红的天地，满园子捉蜻蜓，跑得浑身出大汗，实在太累了，随意地躺草里边睡一觉。蒿草长得厚实，人躺下的时候，富有弹性的蒿草，自然地恢复耸立起来，它给萧红遮挡阳光，形成一道阴地。蒿草里边长着一簇簇的"天星星"，这种紫色的野果子，仿佛微缩的葡萄，酸溜溜的很好吃。

有一天玩累的萧红，在自己的安乐窝里做梦。太阳就要滑落山下，天空被渲染得五彩斑斓，人容易犯困。萧红似睡非睡中，听到有很多的人在说笑，听起来非常热闹。晚饭前人们不在家忙饭，很少有这种现象，一定有事情发生了，到底是什么却听不清，一群人凑在一块议论纷纷，肯定是一件大事。

一下午在后花园里疯跑，体力消耗的太多了，萧红无法战胜困意，后来的事就一点不知道了。等萧红睡足觉，回到屋里的时候，老厨子乐颠颠地过来，悄悄地告诉她："老胡家的团圆媳妇来啦，你还不知道，快吃了饭去看吧！"

萧红走进祖父的屋里，只见他独自坐在饭桌前，桌子上摆好的饭菜，却不像往日一样，一家人围着吃晚饭。祖父看见萧红就问："那

175

萧红故居的炕桌

团圆媳妇好不好？"

祖父以为萧红这么晚回来，是去看团圆媳妇了。萧红盯住祖父说，她不知道，自己在草棵里边摘"天星星"玩了。

祖父"好信"地说："你妈他们都去看团圆媳妇去了，就是那个跳大神的老胡家。"

萧红一边上炕，凑到桌子前，准备吃晚饭。祖父忙招呼老厨子，让他把新切的黄瓜菜上来。这是一盘刚拌的凉菜，醋拌黄瓜丝，上边淋一片辣椒油，红绿搭配散发出香味。萧红眼瞅着黄瓜丝掉在地上，老厨子肯定是急忙地又重切一盘。祖父拿起筷子，夹了一撮黄瓜丝对萧红说："快吃吧，吃了饭好看团圆媳妇去。"

老厨子和以往不同，站在旁边不停地撩起围裙，擦掉脸上的汗水。他一说话时，就乍巴一下眼睛，嘴好像喷壶一样，从里往外喷吐沫星子。老厨子学舌的说："那看团圆媳妇的人才多呢！粮米铺的二老婆，带着孩子也去了。后院的小麻子也去了，西院老杨家也来了不少的人，都是从墙头上跳过来的。"

老厨子一番"喧惑"，萧红等不及了，恨不得马上见到团圆媳妇，她对祖父说："爷爷，我不吃饭了，我要看团圆媳妇去。"

祖父不紧不慢地说，吃饱饭来得及，他们一起去见识见识。萧红无心思吃饭，她不知道什么是团圆媳妇，模样长得好不好看。这里一定有秘密的地方，大家不吃饭去看呢。

萧红越想越急，要是过了这个时候，就没有新东西了，她催促祖父回来再吃吧。

"快吃，快吃，爷爷快吃吧。"

那老厨子不看眼神，萧红急得不行，他还在旁边东一句西一句地说，祖父不时地插问一两句。萧红忍受不了老厨子的磨叽，他和祖父一问一答，减缓祖父吃饭的速度。萧红不让老厨子说话，伸手堵他的嘴，老厨子却更来劲，闪开萧红封堵的手，还是喜笑颜开地说。萧红光脚跳下地，硬把老厨子推出去了，让祖父静下心来吃饭。

放下饭碗，祖父抹了一下嘴巴，想抽一袋烟。萧红坚决不许他抽，连拉带扯地和祖父向老胡家走去。萧红嫌弃祖父吃饭太慢了，光听老厨子胡咧咧，自己亲眼看多好。路上不断地碰到看热闹的人回来，事情已经散伙了，人家不会专等他们。萧红越想越后悔，噘着小嘴跟在祖父的身后，一句话不说。他们来到老胡家的窗前，里面竟然没有动静，萧红委屈得差一点哭了。

祖父知道萧红在耍小性子，二话不说拉她进屋，屋里却不是那么一回事。不大的空间挤满人，萧红的母亲，邻居的周三奶奶，还有一些不相识的人，有人盘腿坐在炕上，有人坐在炕沿上，也有人站在一边。所有人的脸上都有一股兴奋劲，萧红一时懵了，不知到底发生什么了，哪个是团圆媳妇？萧红分辨不出。经别人指点，萧红才看见了一个小姑娘，这怎么会是团圆媳妇?

萧红觉得没有意思，一个小姑娘竟然引起这么大的反应，她拉着祖父就向外边走，情绪低落地说："爷爷回家吧。"

对于团圆媳妇的到来，给大人们带来不尽的话题，在想象和猜测中，人们还是平静的生活。第二天早晨，萧红出来倒洗脸水时，她看见团圆媳妇了。她说不上多漂亮，梳着一条大辫子，竟然长得快到膝盖了。她脸不是很白，黑乎乎的，一脸挂满笑意。

院子里的人说三道四，背后品头论足地说，老胡家的团圆媳妇长得还不错，也没有让人看上去不满意的地方。有一点不太好，就是过于大方了。

周三奶奶是院子里好事的人，她在人身上总能挑出毛病，今天神秘地说："见人一点也不知道羞。"

隔院的邻居，杨老太太应合着说："那才不怕羞呢! 头一天来到婆家，吃饭就吃三碗。"

周三奶奶一唱一和地接上说："哟哟! 我可没见过，别说还是一个团圆媳妇，就说一进门就姓了人家的姓，也得头两天看看人家的脸色。哟哟! 那么大的姑娘。她今年十几岁啦?"

"听说十四岁么!"

"十四岁会长得那么高，一定是瞒岁数。"

"可别说呀! 也有早长的。"

"可是他们家可怎么睡呢?"

"可不是，老少三辈，就三铺小炕……"

这是杨老太太扒在墙头上和周三奶奶讲的。

至于我家里，母亲也说那团圆媳妇不像个团圆媳妇。

老厨子说："没见过，大模大样的，两个眼睛骨碌骨碌地转。"

有二伯说："介（这）年头是啥年头呢，团圆媳妇也不像个团圆媳妇了。"

只是祖父什么也不说，我问祖父："那团圆媳妇好不好?"

祖父说："怪好的。"

萧红听着老太太们的对话，心里一点不是滋味，她不喜欢她们嚼舌头。团圆媳妇刚来几天，周围的人还不认识，从表面上能看出什么东西。萧红和团圆媳妇搭话，她每天牵马来到井沿饮水。她们年龄相差不大，两人不需要别人介绍，萧红看她就一笑，她看萧红也是一笑。萧红有一次问她十几岁？团圆媳妇说："十二岁。"

我立刻地反驳说，这就不对了："你十四岁的，人家都说你十四岁。"

团圆媳妇笑呵呵地说："他们看我长得高，说十二岁怕人家笑话，让我说十四岁的。"

萧红弄不明白，也不可能理解，"长得高还让人家笑话"，萧红觉得这回有玩伴了，热情地邀请团圆媳妇："你到我们草棵子里去玩好吧！"

团圆媳妇一笑，露出一口小白牙，不好意思地说："我不去，他们不让。"

二

日子平静的不过几天，老胡家竟然打起团圆媳妇来了，这顿打可不轻，凄惨的叫声，很远的地方都听得见。一波议论的浪潮，又在左右邻居间荡开，有人说早打比晚打好，天底下哪有不害羞的媳妇，"坐到那儿坐得笔直，走起路来，走得风快。"

团圆媳妇的婆婆在井沿饮马时，遇到周三奶奶，这时她还气乎乎地说："给她一个下马威。你听着吧，我回去我还得打她呢，这小团圆媳妇才厉害呢！没见过，你拧她大腿，她咬你；再不然，她就说她回家。"

家庭暴力从此以后，就成了老胡家的家常便饭。每天没时没响地哭，哭声撕破安静，团圆媳妇一边哭，一边大声地喊叫。哭声揪扯人心，四邻八舍不免同情起来。可是他们反过来却坦然了，家家都有这样的事，女人就应该这样子，熬过去就好了。小团圆媳妇的经历，对于他们是一场热闹，使白开水般的生活变得有滋有味了。祖父对老胡家很不满意，这种声音对童年的萧红成长不利，是巨大的伤害。他倒背着手，气愤地去老胡家说了几次，让他家不要再打团圆媳妇了。祖父耐住性子劝说，小孩子知道啥，哪个孩子不犯错误，教育一下就行了，不要动不动就打。

老胡家将祖父的话当做听旁风，后来越打越上瘾，而且不分昼夜，有时半夜醒来，萧红和祖父念诗的时候，没有念几句，哭声就响起来，仿佛是小虫子直往屋里钻。

萧红无心思再往下念诗了，她不解地问祖父："是不是那小团圆媳妇哭？"

祖父抚摸萧红的头，怕凄惨的哭叫声，吓坏了孙女说："不是，是院外的人家。"

萧红刨根问底问祖父："半夜哭什么？"

祖父不愿意多说："别管那个，念诗吧。"

清早醒了，窗外的鸟叫声清脆，萧红趴在被窝里，正在念"春眠不觉晓"时，哭声淌了进来。

萧红哪有念诗的心，两眼呆呆地望着窗外，寻找哭声来的道路。萧红的记忆中，那哭声响了很久，越过漫长的季节，一直到冬天，这哭声经受不住寒冷，才算没有了。萧红研究专家，美国学者葛浩文说：

书中"团圆媳妇"这段可说是萧红对此类事件最严厉的抨击。她在此章中痛责人们将农夫的勇敢、自信、纯朴、健康的优良性格当做自大和傲慢，因而产生不该有的错误态度；她也把女性的困境呈现在读者眼前，偶尔也会为伸张女权而发出刺耳的呼声，但通常她会将伸张女权的主张穿上一层非常刻薄讽刺的外衣。①

① [美]葛浩文著：《萧红传》，第110页，上海：复旦大学出版社，2011年版。

心灵的荒凉，过早地走进萧红的世界，在她童真的眼睛中，看到的是人类的残酷无情，听到的是撕扯心肺的哭喊。童年的后花园，给她不尽的温暖，团圆媳妇的短暂一生，对于萧红的人格成长，有了很大的影响。葛浩文用了"刺耳的呼声"，表现萧红对女性的不公平发出呐喊。

<h1 style="text-align:center">三</h1>

小团圆媳妇不哭了，老胡家却安静不下来了，他家又跳起大神，打得神鼓叮咚地响。大神唱一句，二神紧跟着唱，因为是夜里跳，增加神秘和恐惧感，这声音特别清晰，萧红断断续续地记住一句半句的。

萧红学着唱什么"小灵花呀"，"胡家让她去出马呀"。每天清晨起来，她模仿夜里听到的唱词："小灵花呀，胡家让她去出马呀……"

不时地手舞足蹈，撮起嘴唇，模拟神鼓的敲打声。"'小灵花'就是小姑娘：'胡家'就是胡仙：'胡仙'就是狐狸精，'出马'就是当跳大神的。"萧红不明白世间的道理，对一切新鲜的事物凭着童心的好奇，这和她多少年后，用笔写下这段时的心情不同。萧红的弟弟张秀琢说：

姐姐反对封建礼教、封建道德，她是封建家庭的叛逆者。她反对封建迷信，对于抽帖算命、拜鬼敬神等事从来是很反感的。四十几年前的呼兰小城不大，封建迷

萧红也挨过热衷习武的萧军的拳脚。

萧军以诗言志

比起团圆媳妇，萧红难道不是另一个受害者吗？

萧红故居附近被拆毁的老房子

信活动却很猖獗。大寺庙就有好几座，小土庙到处皆是，"铁嘴"、"金口"等挂摊儿的幌牌飘摇街口，活动最猖狂的算是跳大神儿的了。他们不仅骗人而且害人，轻病加重了，重病闹死了，有些侥幸好了的病人，白白地被他们骗走了钱物，真是害人不浅。姐姐不相信这套，她把这些骗人的把戏揭示出来，告诫人们不要相信神鬼，不要相信什么因果循环，因果报应。[1]

一个冬天，大神不停下来，小团圆媳妇的脾气未调理好，却跳出病来了。小团圆媳妇发生变化，刚进老胡家时的脸红扑扑的，挂满天真可爱的样子，现在有点变黄了，只是笑呵呵的模样不改。萧红跟祖父到老胡家串门，小团圆媳妇很懂礼貌地过来，给祖父装了一袋烟。她怕婆婆发现，偷偷地和萧红笑，不敢和她说一句话。

祖父坐在炕沿边上，叭嗒地抽烟袋，萧红看着小团圆媳妇的辫子还是那么长。她的婆婆对祖父说，这败家子进了胡家，一天得不到安宁，这不又有毛病了，请来大神给她赶鬼。

祖父不太喜欢这家子人，也无太多的话，临出来的时候，小团圆媳妇的婆婆追了出来，在祖父身边悄声地说："这团圆媳妇，怕是要不好，是个胡仙旁边的，胡仙要她去出马……"萧红小小的年纪，天天模仿跳大神，这对孩子的人格成长不利。祖父寻思很久，想要让他们搬家到别的地方，可是这个季节，老一辈子传下的规矩，"春天是二月搬家，秋天是八月搬家。一过了二八月就不是搬家的时候了。"

半夜跳大神的鼓声，打破夜晚的恬静，祖孙俩一下被惊醒，祖父生气地说："明年二月就让他们搬了。"

每一次醒后，一时睡不着了，萧红就听祖父磨叨，不断地重复几次这样的话。萧红知道祖父不高兴，故意学着大神神秘地唱"小灵花"，祖父不耐烦地又说，明年让他们搬家的同样话。

---

①张秀琢著：《重读<呼兰河传>回忆姐姐萧红》，第42页，北京：东方出版社，2011年版。

人类历史上的巫与医

人类历史上巫与医是不分的，在部落社会中，"病"被看成是社会的事情，是某种反社会的因素——如魔鬼和妖婆——从社会的外部渗透到社会中具体的人类的灵魂和身体中造成的混乱。所以，部落社会中，医疗疾病要跳大神，人们围着病人敲锣打鼓，狂呼乱舞。平时不一定在一起的人群，这时团聚起来，病人在生病的时候，整个社会都要和他一起共渡难关，希望从一个病人的身心中驱除对整个社会有害的因素。[①]

人类学通常把这种活动称为"社会剧场"效应，在阵阵鼓声中，人们寄托太多的希望，让这种威慑的响声，驱赶病魔的入侵。在这个大舞台上，巫师尽情地表演，渲染在场的气氛，而众乡邻变成为一群看客。

四

大神不停地跳，不是消停了，而且越来越厉害。请一个大神不说，同时还请几个二神，鼓声要击破房顶，接天连地的山响。大神神道的

---

① 王铭铭著：《人类学是什么》，第113页，北京：北京大学出版社，2012年版。

185

说，"小团圆媳妇若再去让她出马，她的命就难保了。"所以老胡家不惜钱财，请了几位二神来相助，费尽心机地想办法，从大神那里将小团圆媳妇要回来。

出主意的人多，七嘴八舌地纷纷议论，搜尽生活经验中的案例，有人主张给小团圆媳妇扎谷草人，然后去南大坑焚烧。有人说扎纸人，做一个"替身"，让它代替她的灾难。还有人表示画上大花脸，请大神到家里跳几天，大神看了她德行和丑样，可能就不收她"当弟子了"，不需要出马了。

周三奶奶的主张更是"蝎虎"，建议给她吃全毛的鸡，"连毛带腿地吃下去，选一个星星出全的夜，吃了用被子把人蒙起来，让她出一身大汗。"大被一直蒙到第二天清晨鸡鸣，这时才能叫她从被子里出来。她吃了带毛的鸡，放了一身大汗，"她的魂灵里边因此就永远有一个鸡存在着，神鬼和胡仙黄仙就都不敢上她的身了。"周三奶奶听说过，她的曾祖母被胡仙抓住过一次，前后闹腾三年，差一点没有死掉，就是讨用这个偏方治好的。

别人就问周三奶奶："你看见了吗？"

她说："可不是……你听我说呀，死了三天三夜按都按不倒。后来没有办法，给她打着一口棺材也是坐着的，把她放在棺材里，那脸色是红扑扑的，还和活着的一样……"

别人问她："你看见了吗？"

她说："哟哟！你这问的可怪，传话传话，一辈子谁能看见多少，不都是传话传的吗！"

她有点不大高兴了。

再说西院的杨老太太，她也有个偏方，她说黄连二两，猪肉半斤，把黄连和猪肉都切碎了，用瓦片来焙，焙好了，压成面，用红纸包分成五包包起来。每次吃一包，专治惊风，掉魂。

这个方法，倒也简单。虽然团圆媳妇害的病可不是惊风，掉魂，似乎有点药不对症。但也无妨试一试，好在只是二两黄连，半斤猪肉。何况呼兰河这个地方，又常有卖便宜猪肉的。虽说那猪肉怕是瘟猪，有点靠不住。但那是治病，也不是吃，又有什么关系。

"去，买上半斤来，给她治一治。"

旁边有着赞成的说："反正治不好也治不坏。"

她的婆婆也说："反正死马当活马治吧！"

于是团圆媳妇先吃了半斤猪肉加二两黄连。

这药是婆婆亲手给她焙的。可是切猪肉是他家的大孙子媳妇给切的。

那猪肉虽然是连紫带青的，但中间毕竟有一块是很红的，大孙子媳妇就偷着把这块给留下来了，因为她想，奶奶婆婆不是四五个月没有买到一点荤腥了吗？于是她就给奶奶婆婆偷着下了一碗面疙瘩汤吃了。

奶奶婆婆问："可哪儿来的肉？"

大孙子媳妇说："你老人家吃就吃吧，反正是孙子媳妇给你做的。"

那团圆媳妇的婆婆是在灶坑里边搭起瓦来给她焙药。一

被施以诅咒的纸人

187

焙药

边焙着，一边说："这可是半斤猪肉，一条不缺……"

越焙，那猪肉的味越香，有一匹小猫嗅到了香味而来了，想要在那已经焙好了的肉干上攫一爪，它刚一伸爪，团圆媳妇的婆婆一边用手打着那猫，一边说："这也是你动得爪的吗！你这馋嘴巴，人家这是治病呀，是半斤猪肉，你也想要吃一口？你若吃了这口，人家的病可治不好了。一个人活活地要死在你身上，你这不知好歹的。这是整整半斤肉，不多不少。"

药焙好了，压碎了就冲着水给团圆媳妇吃了。

一天吃两包，才吃了一天，第二天早晨，药还没有再吃，还有三包压在灶王爷板上，那些传偏方的人就又来了。

有的说，黄连可怎么能够吃得？黄连是大凉药，出虚汗像她这样的人，一吃黄连就要泄了元气，一个人要泄了元气那还得了吗？

又一个人说："那可吃不得呀！吃了过不去两天就要一命归阴的。"

团圆媳妇的婆婆说："那可怎么办呢？"

那个人就慌忙地问："吃了没有呢？"

团圆媳妇的婆婆刚一开口，就被他家的聪明的大孙子媳妇给遮过去了，说："没吃，没吃，还没吃。"

那个人说："既然没吃就不要紧，真是你老胡家有天福，吉星高照，你家差点没有摊了人命。"

于是他又给出了个偏方，这偏方，据他说已经不算是偏方了，就是东二道街上"李永春"药铺的先生也常常用这个方单，是一用就好的，百试，百灵。无管男、女、老、幼，一吃一个好。也无管什么病，头痛、脚痛、肚子痛、五脏六腑痛，跌、打、刀伤，生疮、生疔、生疖子……

无管什么病，药到病除。

这究竟是什么药呢？人们越听这药的效力大，就越想知道究竟是怎样的一种药。

他说："年老的人吃了，眼花缭乱，又恢复到了青春。"

　　"年轻的人吃了，力气之大，可以搬动泰山。"

　　"妇女吃了，不用胭脂粉，就可以面如桃花。"

　　"小孩子吃了，八岁可以拉弓，九岁可以射箭，十二岁可以考状元。"

　　开初，老胡家的全家，都为之惊动，到后来怎么越听越远了。本来老胡家一向是赶车拴马的人家，一向没有考状元。

　　大孙子媳妇，就让一些围观的闪开一点，她到梳头匣子里拿出一根画眉的柳条炭来。

　　她说："快请把药方开给我们吧，好到药铺去赶早去抓药。"

　　这个出药方的人，本是"李永春"药铺的厨子。三年前就离开了"李永春"那里了。三年前他和一个妇人吊膀子，那妇人背弃了他，还带走了他半生所积下的那点钱财，因此一气而成了个半疯。虽然是个半疯了，但他在"李永春"那里所记住的药名字还没有全然忘记。

　　他是不会写字的，他就用嘴说："车前子二钱，当归二钱，生地二钱，藏红花二钱。川贝母二钱，白术二钱，远志二钱，紫河车二钱……"

　　他说着说着似乎就想不起来了，急得头顶一冒汗，张口就说红糖二斤，就算完了。

　　说完了，他就和人家讨酒喝。

　　"有酒没有，给两盅喝喝。"

　　这半疯，全呼兰河的人都晓得，只有老胡家不知道。因为老胡家是外来户，所以受了他的骗了。家里没有酒，就给了他两吊钱的酒钱。那个药方是根本不能够用的，是他随意胡说了一阵的结果。

　　小团圆媳妇的病，不但没有跳好，眼看一天天严重了，老胡家里的人害怕。他们担心地说，夜里她不睡觉，忽然爬起来，眼睛里堆满眼泪。这小团圆媳妇看样子是非出马了，什么人能阻止她出马，这人是早晚的事了。

　　小城的日子平静，需要小道消息提一下生活的味，这种传说迅速蔓延，撩拨东邻西舍的心。期待一些事情发生时，于是有人提出建议，"都说哪能够见死不救呢？"有的人说，让她快点出马就算了，省得折腾别人。另外也有人说不能出马，这么年轻的就出马，这一辈子什么时候才能熬个头。

小团圆媳妇的婆婆坚决地反对派，不赞成出马，哪一个人知道她的心，她心疼地说："大家可不要错猜了，以为我订这媳妇的时候花了几个钱，我不让她出马，好像我舍不得这几个钱似的。我也是那么想，一个小小的人出了马，这一辈子可什么时候才到个头。"

于是大家主张不出马的好，想偏方的，请大神的，各说各的道理，相持不下的时候，有一天来了一位"抽帖儿的"。

这个抽帖儿人说，他不远千里而来，从远处的乡下赶到。他听说城里的老胡家有难事，小团圆媳妇一进门，喜庆不散就病了。他说老胡家仁义，为了一个小媳妇肯破费不少钱财，聘过名郎中，请过多少仙家，但效果不佳。他不辞辛苦赶来，如果真用得上，救一条人命是积德大事。

农村请大神的场面

抽帖儿人虔诚的样子，经他这么一说，情理分寸得当，使人十分感动。老胡家人把他让到屋里，破例地坐在"奶奶婆婆的炕沿上。"

给抽帖儿人倒一杯水，敬他一袋烟。老胡家的人，在他的身上看到一线希望，这个人多么通情达理。

大孙子媳妇忙乎完后，对抽帖儿人说："我家的弟妹，年本十二岁，因为她长得太高，就说她十四岁。又说又笑，百病皆无。自接到我们家里就一天一天的黄瘦。到近来就水不想喝，饭不想吃，睡觉的时候睁着眼睛，一惊一乍的。什么偏方都吃过了，什么香火也都烧过了。就是百般地不好……"

抽帖儿人变成了一屋子的中心，人们对他充满敬意，大孙子媳妇的表述，还没有全说完，大娘婆婆就打断她的话，急忙抢着说：

她来到我家，我没给她气受，哪家的团圆媳妇不受气，一天打八顿，骂三场。可是我也打过她，那是我要给她一个下马威。我只打了她一个多月，虽然说我打得狠了一点，可是不狠那能够规矩出一个好人来。我也是不愿意狠打她的，打得连喊带叫的，我是为她着想，不打得狠一点，她是不能够中用的。有几回，我是把她吊在大梁上，让她叔公公用皮鞭子狠狠地抽了她几回，打得是有点狠了，打昏过去了。可是只昏了一袋烟的工夫，就用冷水把她浇过来了。是打狠了一点，全身也都打青了，也还出了点血。可是立刻就打了鸡蛋清子给她擦上了。也没有肿得怎样高，也就是十天半月地就好了。

这孩子，嘴也是特别硬，我一打她，她就说她要回家。我就问她："哪儿是你的家？这儿不就是你的家吗？"她可就偏不这样说。她说回她的家。我一听就更生气。人在气头上还管得了这个那个，因此我也用烧红过的烙铁烙过她的脚心。谁知道来，也许是我把她打掉了魂啦，也许是我把她吓掉了魂啦，她一说她要回家，我不用打她，我就说看你回家，我锁链子把你锁起来。

她就吓得直叫。大仙家也看过了，说是要她出马。一个团圆媳妇的花费也不少呢，你看她八岁我订下她的，一订就是八两银子，年年又

191

是头绳钱，鞋面钱的，到如今又用火车把她从辽阳接来，这一路的盘费。到了这儿，就是今天请神，明天看香火，几天吃偏方。若是越吃越好，那还罢了。可是百般地不见好，将来谁知道来……到结果……

抽帖儿端庄严肃，一身风尘仆仆，穿一件蓝袍大衫，罩着里面的棉袄。戴一顶"长耳四喜帽"，使人一见面，感觉仿佛是为人师表的先生。

奶奶婆婆被抽帖儿的神气感动，她迫不及待地说："快给我二孙子媳妇抽一个帖吧，看看她的命理如何。"

抽帖儿一看这家人，真是诚心诚意，他将皮耳帽子从头上摘下来了。真人不露相，帽子一摘下来，家人这时才看见，抽帖儿梳发卷，戴一顶道士帽。抽帖儿犹如变了一个人，身上散发出不俗的风度，绝不是走街蹿巷的野医。

抽帖儿说有一个别号，号名叫云游真人。他的帖法是得张天师真传，不管多么严重的病，多么险恶的吉凶，"若一抽了他的帖儿，则生死存亡就算定了。"他的帖儿只有四个，他从衣裳的口袋里，一个个地往外亮出来，每摸出一帖都是红纸包裹。

抽帖的人念叨一些东西，结束一套仪式，就让病人的亲人抽。四张牌在小团圆媳妇的婆婆眼中太神奇了，深藏不尽的秘密。这帖儿是她家寄托的希望，赶快抽一帖，看一下命运是怎么安排的。可是她的手刚伸出一半，抽帖的人说：

"每帖十吊钱，抽着蓝的，若嫌不好，还可以再抽，每帖十吊……"

团圆媳妇的婆婆一听，这才恍然大悟，原来这可不是白抽的，十吊钱一张可不是玩的，一吊钱捡豆腐可以捡二十块。三天捡一块豆腐，二十块，二三得六，六十天都有豆腐吃。若是隔十天捡一块，一个月捡三块，那就半年都不缺豆腐吃了。她又想，三天一块豆腐，哪有这么浪费的人家。依着她一个月捡一块大家尝尝也就是了，那么办，二十块豆腐，每月一块，可以吃二十个月，这二十个月，就是一年半

张天师雕像

还多两个月。

　　若不是买豆腐，若养一口小肥猪，经心地喂着它，喂得胖胖的，喂到五六个月，那就是多少钱哪！喂到一年，那就是千八百吊了……

　　再说就是不买猪，买鸡也好，十吊钱的鸡，就是十来个，一年的鸡，第二年就可以下蛋，一个蛋，多少钱！就说不卖鸡蛋，就说拿鸡蛋换青菜吧，一个鸡蛋换来的青菜，够老少三辈吃一天的了……何况鸡会生蛋，蛋还会生鸡，永远这样循环地生下去，岂不有无数的鸡，无数的蛋了吗？岂不发了财吗？

　　但她可并不是这么想，她想够吃也就算了，够穿也就算了。一辈子俭俭朴朴，多多少少积储了一点也就够了。她虽然是爱钱，若说让她发财，她可绝对的不敢。

　　那是多么多呀！数也数不过来了。记也记不住了。假若是鸡生了蛋，蛋生了鸡，来回地不断的生，这将成个什么局面，鸡岂不和蚂蚁一样多了吗？

　　看了就要眼花，眼花就要头痛。

据她说，她一辈子的孩子并不多，就是这一个儿子，虽然说是稀少，可是也没有娇养过。到如今那身上的疤也有二十多块。

她说："不信，脱了衣裳给大家伙看看……那孩子那身上的疤癞，真是多大的都有，碗口大的也有一块。真不是说，我对孩子真没有娇养过。除了他自个儿跌的摔的不说，就说我用劈柴棒子打的也落了好几个疤。养活孩子可不是养活鸡鸭的呀！养活小鸡，你不好好养它，它不下蛋。一个蛋，大的换三块豆腐，小的换两块豆腐，是闹着玩的吗？可不是闹着玩的。"

有一次，她的儿子踏死了一个小鸡仔，她打了她儿子三天三夜，她说："我为什么不打他呢？一个鸡他就是三块豆腐，鸡仔是鸡蛋变的呀！要想变一个鸡仔，就非一个鸡蛋不行，半个鸡蛋能行吗？不但半个鸡蛋不行，就是差一点也不行，坏鸡蛋不行，陈鸡蛋不行。一个鸡要一个鸡蛋，那么一个鸡不就是三块豆腐是什么呢？眼睁睁地把三块豆腐放在脚底踩了，这该多大的罪，不打他，哪儿能够不打呢？我越想越生气，我想起来就打，不管黑夜白日，我打了他三天。后来打出一场病来，半夜三更的，睡得好好的说哭就哭。可是我也没有当他是一回子事，我就拿饭勺子敲着门框，给他叫了叫魂。没理他也就好了。"

她这有多少年没养鸡了，自从订了这团圆媳妇，把积存下的那点针头线脑的钱都花上了。这还不说，还得每年头绳钱啦，腿带钱的托人捎去，一年一个空，这几年来就紧得不得了。想养几个鸡，都狠心没有养。

现在这抽帖的云游真人坐在她的眼前，一帖又是十吊钱。若是先不提钱，先让她把帖抽了，哪管抽完了再要钱呢，那也总算是没有花钱就抽了帖的。可是偏偏不先，那抽帖的人，帖还没让抽，就是提到了十吊钱。

所以那团圆媳妇的婆婆觉得，一伸手，十吊钱，一张口，十吊钱。这不是眼看着钱往外飞吗？

这不是飞，这是干什么，一点声响也没有，一点影子也看不见。还不比过河，往河里扔钱，往河里扔钱，还听一个响呢，还打起一个水泡呢。这是什么代价也没有的，好比自己发了昏，把钱丢了，好比遇了强盗，活活地把钱抢去了。

团圆媳妇的婆婆，差一点没因为心内的激愤而流了眼泪。她一想十吊钱一帖，这哪里是抽帖，这是抽钱。

于是她把伸出去的手缩回来了。她赶快跑到脸盆那里去，把手洗了，这可不是闹笑话的，这是十吊钱哪！她洗完了手又跪在灶王爷那里祷告了一番。祷告完了才能够抽帖的。

小团圆媳妇婆婆的手气不好，第一帖抽了个绿的，这是不祥的兆头，绿色代表的是鬼火。于是她闭上眼睛，虔诚地再抽一帖，这是绝没有想到的事，这一帖还不如上一帖。小团圆媳妇的婆婆被这两帖弄得心情极坏，要是平时的话，早就披头散发地抱头大哭。自从团圆媳妇得病以后，她经历的太多了，眼界大开，遇到事情也会应付了。她故作镇静地问，两帖抽的都不好，是否有破的方法。抽帖的人自信地说："拿笔拿墨来。"

老胡家是个普通百姓家，一年到头写不上一个字，根本就找不到笔，大孙子媳妇急忙地跑出家门，到粮米铺去借了。

等了老长时间，她才抱着笔和砚台回来，抽帖人早已撕好红纸。他拿起笔在四块红纸上，各自写了一个大字。萧红在一旁看到，"那红纸条也不过半寸宽，一寸长。他写的那字大得都要从红纸的四边飞出来了。"

四个字充满神性，老胡家无识字的人，逢年过节贴的对联还是求人写的。几个字一样大小，大孙子媳妇看了半天，猜不出是啥意思，奶奶婆婆更是睁眼瞎和她一样目不识丁。她们一起琢磨，这一个个字太重了，肯定不是坏字，要不然怎么能破阎王呢？家人脸上露出笑容，围着看的人都点头称好。

抽帖人写完后，自己欣赏半天，才让家人拿糨糊来。老胡家是过日子的人，一斤白面十多吊钱，人都吃不上，更不能打糨糊，只能用黄米饭粒代替。铲来黄米饭粒沾红纸上,掀开"团圆媳妇蒙在头上的破棉袄,让她拿出手来,一个手心上给她贴一张。又让她脱了袜子,一只脚心上给她贴上一张。"

抽帖人的眼睛一扫,发现脚心上有疤痕,他不动声色,想起她婆婆说给她烙的。抽帖人装做不知道地说:"这脚心可是生过什么病症吗?"

这下子,可吓坏小团圆媳妇的婆婆,她赶紧地说:"我方才不是说过吗,是我用烙铁给她烙的。哪里会见过的呢?走道像飞似的,打她,她记不住,我就给她烙一烙。好在也没什么,小孩子肉皮活,也就是十天半月的下不来地,过后也就好了。"

抽帖人行走江湖,大小事情都经受过,他琢磨一会儿,决定再懵她一下。他就事论事地说,这脚心的疤贴了红帖,也不一定贴住,什么也骗不了阎王爷的,"这疤怕是就给了阎王爷以特殊的记号,有点不大好办。"

196

抽帖人说完了,看她们一家的反应,好像是不当回事。抽帖人不得不改变招法,采取阴损的一招:"这疤不掉,阎王爷在三天之内就能够找到她,一找到她,就要把她活捉了去的。刚才的那帖是再准也没有的了,这红帖也绝没有用处。"

抽帖人吓唬老胡一家人,她们都不太怕。抽帖人是见过世面的人,话不多说一句,只要一出口,就有些"蝎虎",他一本正经地说:"阎王爷不但要捉团圆媳妇去,还要捉了团圆媳妇的婆婆去,现世现报,拿烙铁烙脚心,这不是虐待,这是什么,婆婆虐待媳妇,做婆婆的死了下油锅,老胡家的婆婆虐待媳妇……"他的脸

民间供奉的阎王爷

色变了，而且声调越说大，最后要大喊起来。这和他进屋时文静的样子，仿佛是不同的两个人。

在不大的空间，人们看不到声音的波动，话语声控制人们的心理，丧失自我的认识。在抽帖人声音的统治中，犹如投掷的炸弹，彻底地摧毁内心防线。老胡家人害怕了，身上的汗毛立起来，怕家里再撞进来什么恶魔。小团圆媳妇的婆婆，吓得身上哆嗦开了，她赶快对冥冥中的神跪下，对着抽帖人，鼻涕一把，泪一把地哭诉："这都是我一辈子没有积德，有孽遭到儿女的身上，我哀告真人，请真人诚心的给我化散化散，借了真人的灵法，让我的媳妇死里逃生吧。"

抽帖人看到火候恰到好处，他见机行事地说，还有一个最好的办法，立刻让团圆媳妇脱下袜子，在疤痕上用笔一画，阎王爷这一关就过了，他就看不见了。抽帖人往脚心上画，嘴里念着一段听不清的咒语。旁观者觉得这太容易，抽帖人却累得一头汗，他恶狠狠地瞪眼。

画完了以后，抽帖人一算钱，"抽了两帖二十吊。写了四个红纸贴在脚心手心上，每帖五吊是半价出售的，一共是四五等于二十吊。外加这一画，这一画本来是十吊钱，现在就给打个对折吧，就算五吊钱一只脚心，一共画了两只脚心，又是十吊。二十吊加二十吊，再加十吊。一共是五十吊。"

抽帖人拿了五十吊钱，说了几句"合烙话"，戴上帽子乐呵呵地走了。

可怜的小团圆媳妇的婆婆，她抽帖的时候，一听每帖十吊钱就心疼得不得了。这笔钱可以养鸡，她又想用这钱养猪，这一下子全泡汤了。她现在不想了，因为灾祸临头躲是躲不过去，破财免灾，钱给人家心里却得到安慰。再说这五十吊钱，花得心安理得，这是她秋天在地里一粒粒捡的，卖了几十吊钱，只是她想不到流水一般地花掉。对于看团圆媳妇的病，她尽一个婆婆的力量，花了不少钱财。她恨抽帖人，手头太黑了，写几个字竟然要这么多的钱。

小团圆媳妇的病太怪了，夜里鬼附体似的说梦话，白天就发高烧，烧得小脸红扑扑的。一旦夜里说起梦话，不停地大喊要回家。这个词很可怕，老胡家人听了以后，感觉如同两块大石头，压在人们的身上无法摆脱。"回家"这两个温暖的字，现在变成另一种意思了，小团圆媳妇的婆婆认为最不祥。情感上总是过不去，她花钱请人圆梦。圆梦人一圆太可怕了，"回家"果然是不祥之词，代表的是她要回到阴间的意思。小团圆媳妇做的都是噩梦，她的婆婆一副鬼脸，举着烧红的烙铁四处追烫她，"或者是用梢子绳把她吊在房梁上了，或是梦见婆婆用烙铁烙她的脚心，或是梦见婆婆用针刺她的手指尖。"这些噩梦中的情景，吓得她大哭大喊，不停地叫嚷"回家"。

小团圆媳妇的婆婆，一听她喊这两个字，就心慈手软，怕她真到了阴间地狱，急忙拦阻她，拧她的大腿醒一醒。一天天的拧来掐去，小团圆媳妇的大腿，萧红说："被拧得像一个梅花鹿似的青一块、紫一块的了。"小团圆媳妇在恶梦中被拧痛，绝望的哭喊声，撕扯夜晚的恬静，小团圆媳妇疯狂地跳下炕，一家人拉不住她。

小团圆媳妇的婆婆，相信抽帖人的字了，又加上她过分的渲染，"说她眼珠子是绿的，好像两点鬼火似的，说她的喊声，是直声拉气的，不是人声。"

所以一传出去，东邻西舍的不得不相信的。神秘的气氛纠缠人们，觉得小团圆媳妇的命实在不好，怎么会让鬼看上，给捉弄得太可怜了。天底下的孩子都是娘生下的，哪个人不是血肉生长的。朴实的人们，开始心疼小团圆媳妇了，人们在唉息中有了恻隐之心。哲学家萌萌指出：

苦难和表达或问题之间，并没有必然的联系，苦难就是苦难。但苦难一旦成为记忆、成为刻骨铭心的记忆，它就同表达一样，是立足于真实的个体的。苦难的记忆，特别是苦难的刻骨铭心的记忆，它同表达之间，已经有了一种或然性的关系。它已可能是一种双重的痛苦：既承担着不堪其扰的历史的重负，又期盼着不可忘却的记忆的语言化。它是当下性的。只有在这时，在记忆和表达一样成为语言问题的环节时，苦难和痛苦之间才有了一种区分的联系。在这里区分和联系是同时建立的。

苦难区分于痛苦的是它的被迫性，外在性和趋同状态。无论它是亲身经历的，还是在耳濡目染中感同身受的。它的一般表达因为实指的原因更多只是一种人的共同处境描述。它本身就包含着一种不言而破的、一般的价值判断。[①]

五

黄昏的时候，老胡家热闹起来了，鼓声阵阵，敲得人心兴奋。人们帮着忙乎，大缸，开水，公鸡，这一切都预备好了。

平静的小城生活中，这鼓声响起，一台戏就要上演了。看热闹的人迈动急促的脚步，传达出渴望的心情。萧红和祖父也来了，她闹不明白，这是一场将要发生的悲剧。

小团圆媳妇躺在炕上，黑乎乎的，笑呵呵的。我给她一个玻璃球，又给她一片碗碟，她说这碗碟很好看，她拿在眼睛前照一照。她说这玻璃球也很好玩，她用手指甲弹着。她看一看她的婆婆不在旁边，她就起来了，她想要坐起来在炕上弹这玻璃球。

还没有弹，她的婆婆就来了，就说："小不知好歹的，你又起来疯什么？"

说着走近来，就用破棉袄把她蒙起来了，蒙得没头没脑的，连脸也露不出来。

我问祖父她为什么不让她玩？

祖父说："她有病。"

我说："她没有病，她好好的。"

于是我上去把棉袄给她掀开了。

掀开一看，她的眼睛早就睁着。她问我，她的婆婆走了没有，我说

①萌萌著：《语言问题何以对我成为问题》，第121页，上海：上海译文出版社，2007年版。

走了，于是她又起来了。

她一起来，她的婆婆又来了。又把她给蒙了起来说："也不怕人家笑话，病得跳神赶鬼的，哪有的事情，说起来，就起来。"

这是她婆婆向她小声说的，等婆婆回过头去向着众人，就又那么说："她是一点也着不得凉的，一着凉就犯病。"

屋里屋外，越张罗越热闹了，小团圆媳妇跟我说："等一会你看吧，就要洗澡了。"

她说着的时候，好像说着别人一样。

果然，不一会工夫就洗起澡来了，洗得吱哇乱叫。

大神打着鼓，命令她当众脱了衣裳。衣裳她是不肯脱的，她的婆婆抱住了她，还请了几个帮忙的人，就一齐上来，把她的衣裳撕掉了。

她本来是十二岁，却长得十五六岁那么高，所以一时看热闹的姑娘媳妇们，看了她，都难为情起来。

很快地小团圆媳妇就被抬进大缸里去。大缸里满是热水，是滚熟的热水。

她在大缸里边，叫着、跳着，好像她要逃命似的狂喊。她的旁边站着三四个人从缸里搅起热水来往她的头上浇。不一会，浇得满脸通红，她再也不能够挣扎了，她安稳地在大缸里边站着，她再不往外边跳了，大概她觉得跳也跳不出来了。那大缸是很大的，她站在里边仅仅露着一个头。

我看了半天，到后来她连动也不动，哭也不哭，笑也不笑。满脸的汗珠，满脸通红，红得像一张红纸。

我跟祖父说："小团圆媳妇不叫了。"

我再往大缸里一看，小团圆媳妇没有了。她倒在大缸里了。

这时候，看热闹的人们，一声狂喊，都以为小团圆媳妇是死了，大家都跑过去拯救她，竟有心慈的人，流下眼泪来。

小团圆媳妇还活着的时候，她像要逃命似的。前一刻她还求救于人的时候，并没有一个人上前去帮忙她，把她从热水里解救出来。

现在她是什么也不知道了，什么也不要求了。可是一些人，偏要去救她。

把她从大缸里抬出来，给她浇一点冷水。这小团圆媳妇一昏过去，可把那些看热闹的人可怜得不得了，就是前一刻她还主张着"用热水浇哇！用热水浇哇！"的人，现在也心痛起来。怎能够不心痛呢，活蹦乱跳的孩子，一会工夫就死了。

小团圆媳妇摆在炕上，浑身像火炭那般热，东家的婶子，伸出一只手来，到她身上去摸一摸，西家大娘也伸出手来到她身上去摸一摸。

都说："哟哟，热得和火炭似的。"

有的说，水太热了一点，有的说，不应该往头上浇，大热的水，一浇那有不昏的。

大家正在谈说之间，她的婆婆过来，赶快拉了一张破棉袄给她盖上了，说："赤身裸体的羞不羞！"

小团圆媳妇怕羞不肯脱下衣裳来，她婆婆喊着号令给她撕下来了。现在她什么也不知道了，她没有感觉了，婆婆反而替她着想了。

大神打了几阵鼓，二神向大神对了几阵话。看热闹的人，你望望他，他望望你。虽然不知道下文如何，这小团圆媳妇到底是死是活。但却没有白看一场热闹，到底是开了眼界，见了世面，总算是不无所得的。

有的竟觉得困了，问着别人，三道鼓是否加了横锣，说他要回家睡觉去了。

大神一看这场面不大好，怕是看热闹的人都要走了，就卖一点力气叫一叫座，于是痛打了一阵鼓，喷了几口酒在团圆媳妇的脸上。从腰里拿出银针来，刺着小团圆媳妇的手指尖。

不一会，小团圆媳妇就活转来了。

大神说，洗澡必得连洗三次，还有两次要洗的。

于是人心大为振奋，困的也不困了，要回家睡觉的也精神了。这来看热闹的，不下三十人，个个眼睛发亮，人人精神百倍。看吧，洗一次就昏过去了，洗两次又该怎样呢？洗上三次，那可就不堪想象了。所以看热闹的人的心里，都满怀奥秘。

果然的，小团圆媳妇一被抬到大缸里去，被热水一烫，就又大声地怪叫了起来，一边叫着一边还伸出手来把着缸沿想要跳出来。这时候，浇水的浇水，按头的按头，总算让大家压服又把她昏倒在缸底里了。

这次她被抬出来的时候，她的嘴里还往外吐着水。

于是一些善心的人，是没有不可怜这小女孩子的。东家的二姨，西家的三婶，就都一齐围拢过去，都去设法施救去了。

她们围拢过去，看看有没有死？若还有气，那就不用救。若是死了，那就赶快浇凉水

若是有气，她自己就会活转来的。若是断了气，那就赶快施救，不然，怕她真的死了。

每次读《呼兰河传》，我最不想读的就是这一章，不忍心看着年轻的生命，被一群愚昧、麻木的人们围观。萧红对童年的回忆，是她打开生命和情感大门的钥匙。评论家王兆胜指出："作为萧红，对童年美好生活的回忆与营造，也一直是自己生命的源泉，更是帮助自己超越这个污浊世界的依恃。"[①]评论家用"超越"和"污浊"诠释萧红的童年记忆。

七

小团圆媳妇昏睡了一天，接着几天也是昏睡，从眼睛的一条小缝间，似睁非睁的露着白眼珠。老胡家里的人，看了小团圆媳妇的模样，觉得这孩子有救了，如果真魂附体，病就会一天天的好起来。人们带着美好的心愿，观察小团圆媳妇的变化，反而觉得轻松许多，庆幸祖宗积德了。

日子一天天地过去，可是过了六七天，小团圆媳妇不见好起来的迹象。老胡家不得不再次请来大神，大神看了一下小团圆媳妇，二话不

---

①王兆胜著：《逍遥的境界》，第123页，北京：北京语言文化大学出版社，2001年版。

说就是不治了，团圆媳妇不能阻拦了，她非出马去当大神，这是老天的授意。

话归话，事是事，于是又到扎彩铺，花钱扎了一个纸人，做一套新布衣给纸人缝穿上，它和真人一样大小，还要"搽脂抹粉，手里提着花手巾，穿了满身花洋布的衣裳，打扮成一个十七八岁的大姑娘。用人抬着，抬到南河沿旁边那大土坑去烧了。"

烧"替身"的那一天，老胡家为表示十分虔诚，团圆媳妇的婆婆请了吹鼓手，前边的人举着扎彩人，几个吹鼓手一路呜哇地吹，奔向南大土坑。凑热闹的人并不很多，因为天气太冷，这件事情无新的花样，人们觉得无什么可看的了。

老胡家的人很不高兴，小团圆媳妇的婆婆烧着扎彩人，还不时地后悔。觉得左邻右舍的人不够意思，她家出这么大的事情，都不出来捧一个场。早知道是这个情况，就不给扎彩人穿上真衣裳。这一套布衣裳，又花她一百多吊钱。

吹鼓手

八

萧红家的老厨子好事多嘴，打听一些老胡家的事，他便和祖父讲团圆媳妇的辫子也掉了。

萧红不服气地说："不是的，是用剪刀剪的。"

老厨夫看着萧红，在她祖父面前呛他，不高兴地指着她的嘴，气愤地说："你知道什么，那小团圆媳妇是个妖怪呀！"

萧红越说越来劲，反驳地说："她不是妖怪，我偷着问她，她头发是怎么掉了的，她还跟我笑呢！她说她不知道。"

祖父也心疼地说："好好的孩子快让他们捉弄死了。"

过了几天，老厨子又来传闲话说："老胡家要'休妻'了，要'休'了那小妖怪。"

祖父一直认为老胡家那家人德性不大好。

祖父愤愤地说："二月让他搬家。把人家的孩子快捉弄死了，又不要了。"

在男权淫威下的社会中，人们操着集体无意识生活，他们是一个团结的集体，对抗着一切反抗因素。因此，没有人敢去触犯这种真理的保护外壳。因此几乎每个人都成了看客。小团圆媳妇的遭遇让人悲恻。她长得黑乎乎的，成天乐呵呵的，梳着又黑又长的辫子，十分惹人喜爱。但是，因为她做人大方，见了生人不害羞，饭量大，婆家的人就要给她一个下马威。先是把她吊起来，用皮鞭狠狠地抽打她，再用烧红的烙铁烙她的脚心，用惨无人道的手段把一个可爱活泼的生命折磨得面色枯黄，一天不如一天。婆婆怕她死了，家里白白失去一个劳动力，就请人跳大神，占卜算命，开偏方，最后竟用滚烫的开水当众给她洗澡。最终，小团圆媳妇惨死。整个过程，小团圆媳妇一直默默地忍受着，她不敢反抗，也无力反抗。因为反抗是对封建权威的一种挑衅。倒行逆施的操作者们代表着一种权威，并且他们背后站着无数的支持者：县城里多少无聊的男女看客倾巢出动，来看热闹，看他们怎样折磨这个小姑娘。正是这种强大的生存意识力量支配下的无意识，客观上却是一种环境背景的象征。毕竟单个人的反抗力量是有限的，而每个看客明哲保身的生存态度在某种意义上讲更是一种环境强势的代表。①

　　小团圆媳妇是萧红最心疼的一个人物，她是悲剧性的人物，一个纯真的生命死在愚昧和封建礼数下。萧红没有发表严厉的批判，她只是平静的讲述，通过小孩子天真的眼光，注视这场悲剧的发生。萧红白描的叙述中，表现对小团圆媳妇的爱和痛。

<h1 style="text-align:center">九</h1>

　　小团圆媳妇死了，一个大清早晨，老胡家的大儿子来了，他看到萧红的祖父，"双手举在胸前作了一个揖"。

　　祖父不解地问他有什么事情？他无一点悲伤地说："请老太爷施舍一块地方，好把小团圆媳妇埋上……"
　　祖父看了他一眼，不乐意地问道："什么时候死的？"
　　他回答说："我赶着车，天亮才到家。听说半夜就死了。"
　　萧红的祖父可怜小团圆媳妇，答应他埋在城外的地边上。祖父招呼有二伯，让他带着他们去看地方。
　　萧红闹着也要跟去，祖父神情严肃，一点商量的余地没有，祖父拉着她说："咱们在家下压拍子打小雀吃……"
　　一点多钟，有二伯他们在人家喝酒，吃了一顿饭才回来。萧红望着前边走的是老厨子，跟在后边的是有二伯。老厨子喝酒以后，眼珠变得通红，有二伯也是脸红彤彤的。他们来到祖父屋里，其中一个人说："酒菜真不错……"

---

①张静著：《萧红作品中的生命意识》《现代中国文学论坛》（第一卷）。

另一个人说："……鸡蛋汤打得也热乎。"

至于团圆媳妇埋葬的经过，他们一点不提。萧红急切地问有二伯，小团圆媳妇是如何埋葬的。

有二伯卖关子的说："你问这个干什么，人死还不如一只鸡……一伸腿就算完事。"

萧红故意气有二伯："有二伯，你多咱死呢？"

有二伯说："你二伯死不了的……那家有万贯的，那活着享福的，越想长寿，就越活不长……上庙烧香，上山拜佛的也活不长。像你有二伯这条穷命，越老越结实。好比个石头疙瘩似的，哪儿死啦！俗语说得好，'有钱三尺寿，穷命活不够'。像二伯就是这穷命，穷命鬼阎王爷也看不上眼儿来的。"

黄昏的时候，老胡家又把有二伯他们请去了，又喝一顿酒。他们帮人家的忙，所以要好好地答谢他们。

在小团圆媳妇一章里，越到后来，这个牺牲者的形象越是被推到远处。可在最后一节，它化身为"东大桥"下的大白兔形象，走到童话传说的中心。只是，这只"拉过自己的大耳朵"擦眼泪的兔子，再也不能如传统的童话那样带来安慰。所有的喜剧和讽刺，浓缩于无尽的悲鸣。

把儿童想象和成人审视的作用一起考虑，把童心情趣放在呼兰河阴冷、封闭和无理性的文化背景下，我们就能看见荒诞和荒凉、喜剧和悲剧的交融。而儿童叙事者主体，我要强调的是，女童叙事者，这个天性淘气小女孩，她的悲剧命运已经被小团圆媳妇、王大姑娘的结局所预示。"我家是荒凉的"，这句话像音乐里的主题乐句，它不断地出现在女孩童年回忆的首段，它对萧红那深切的体会——女子无乡——女子无乡可返、无家可归的体会，作出了最决绝的注释。①

---

① 艾晓明著：《戏剧性讽刺——论萧红小说文体的独特素质》，萧红研究资料网。

龙王庙上的砖雕

现存的龙王庙五间正殿

萧红家的房背后的不远处有龙王庙，在庙的东角上有"东大桥"。听大人们说，一些冤魂枉鬼，每当阴天下雨的时候，能听到冤屈鬼的哭声。人们说小团圆媳妇的魂，也在东大桥下。小团圆媳妇魂附体了，变成一只大白兔子，经常到桥下来哭。

如果有人问小团圆媳妇为什么哭？

她多一个字不说，只是她想回家。

那人同情地说："明天，我送你回去……"

小团圆媳妇拉过大耳朵，擦干净可怜的眼泪，一转身看不见了。

墓地上的荒草在心灵蔓延

　　1934年12月19日，二萧赴鲁迅宴会后，留下这张照片。我喜欢萧红，就是从这张照片开始的，当时很不理解，年轻的女孩叼一只烟斗，和一个男人拍下这个瞬间，这里面肯定发生太多的事情。我是带着青春期的朦胧情感，走进萧红的世界，去探究一个人的命运。

　　我曾经在一篇短文中写道，萧红短暂的一生颠沛流离，从离开呼兰河那一天开始，痛苦就像身后的影子，跟随她不肯放开。生活的艰辛，情感的磨难，一次次地打击，却毁灭不了她。萧红执拗地不屈服，不拿自己的灵魂做交易。呼兰河的河水滋养她长大，塑造她的精神，萧红珍惜自由，不会低下高贵的头。

　　读萧红的《呼兰河传》没有伤感，只有痛苦和无奈。萧

209

萧红模仿鲁迅吸烟

壮阔的呼兰河

红的文字有着钢性的力度，不是夸大生活，摆出一副吓人、教训人的架势，更不是向人们"讨好"。萧红有一种责任感和良心支撑，生与死对于萧红不仅是个过程，重要的是对生命中苦难的叩问。在物欲横流、文学浮躁的今天，遍地是"著名"，文坛上各自占山为王，扯大旗做虎皮的时代。所谓的美女和靠谩骂起家的作家，极力吹捧自己，拍卖身体，用隐私来勾引读者的目光。他们能砸烂一切，心中缺少景仰的"神"。他们能写出《生死场》《商市街》和《呼兰河传》吗？他理解呼兰河这小城埋葬的祖父吗？有谁还在关心民族的命运，关心人民的疾苦？这是不同的时代，人就命该如此？今天的作家可以躲在酒吧里，精致的桌子上，摆上一杯葡萄酒，看窗外茫茫的人海，如流的车潮，在享受生活的每一天。

当年二萧为了赴鲁迅先生的宴会，穿一件像样的衣服，可难坏了他们。拍这张照片的历史背景，是我后来读到一些资料中才了解清楚的。

当时，我们经过了一阵梦一般的迷惘以后，才渐渐恢复了清醒。我清醒后的第一件事，马上寻出了一份上海市的市街图来，首先从它的"索引"上寻找"二马路"和"三马路"的大体方向和位置；其次

鲁迅先生墓地塑像

是寻找那条称为横街的"广西路"。如此，大方向大概的地位初步确定了，我也量取了它的路程距离远近以及要乘坐某条路线的公共电车和汽车才能够到达……我俨然又如一个军人要进行战斗一般，精密地把一切：方向、地形、地物……全作了一番想象和仔细的研究，才松了一口气，静静地望向萧红，似乎要向她开始发表什么议论了。但她却笑着，一双刚流过泪还有些湿漉漉的大眼睛，带有嘲笑意味地却抢先说话了：

"你要出兵打仗吗？"

我一时迷惑不解地望着她，不知道她说这话的真意所在，反问着她：

"你这话是什么意思？"

"我和你说话，竟装做没听见的样子，一个劲儿地在那张破地图上看来看去，又用手指量来量去！简直像一个要出兵打仗的将军了！"

"我总得把方向、地点……确定下来呀！心里得有个谱，怎么能够临时瞎摸乱闯呢？——你要和我说什么呀？"

"我要和你说呀……"她伸过一只手扯了扯我的罩衫袖管，接着说，"你脱了外套，就穿这件灰不灰、蓝不蓝的破罩衫去赴鲁迅先生的'宴会'吗？"

"那穿什么呀？——我没有第二件……"

"要新做一件——"

我摇了一下脑袋，说了一声"没必要"，断然地拒绝了她的主意，而且补充着说："上一次会见鲁迅先生时，不也就是穿的这件罩衫吗？"

"这一回……有客人！"

"鲁迅先生信上不是说，只有几个朋友，而且都是可以随便谈天的么？鲁迅先生认为可以随便谈天的人，我想总不会有什么'高人贵客'罢？左不过是一些左翼作家们，我以为他们不会笑话我的罩衫的吧……"

"你这个人！……真没办法！"

212

　　她似乎又有些发怒了，两只大眼睛闪亮起来了……把床上的大衣一手抓过去，随便地披到了肩上，一扭身竟冲出屋门，接着是一串急促的"笃笃笃"下楼梯的脚步声，她竟半跑似的走了出去……

　　我莫名其妙的静静地看着她这一系列的动作，既没来得及问她为什么发怒？也没问她干什么去……当然也没拦阻她，更没追赶她。因为我是充分知道她这人的体性的，遇到类似这种情况出现时，她不会回答你的问题，也不会听从你的劝阻。如果她走了你追她，她就跑得更快些……因此我就只好"随她去吧"！待过了一定的时间，她就会像什么事情也没发生过一样，又像一个孩子一般地跳跳叫叫地回来了。

　　大约经过了两个小时以后，我听到楼梯上有她的急促的脚步声——这是我所熟悉的——上来了。这时候我似乎正在写着一些什么或读着一些什么，我假装没听到她的脚步声，直至她推门走进来……忽然一卷什么软绵绵的东西敲到我的头上来，同时听到她带着笑味的声音责备着我说：

　　"你没听到我回来了吗？"

　　"没听到——"我慢慢地转了一下头，嘴角歪动了一下说："我什么也没听见！"

　　"坏东西！——看，我给你买了一件衣料！"

　　她把一片黑白纵横的方格绒布料，两手提拎着举向我的身边来——我估计，原来打在我头上的那软绵绵的东西大概就是这布卷卷了？这时候，我本能地周身的神经感到森凉了一下，心里想："糟糕！大概她把仅有的一点钱全买布料了，也许连明天赴'宴会'的乘车费也花光了。"我担惊而又心情有些沉重地问着她：

　　"买它干什么？"

　　"我一定要给你做一件'礼服'，好去赴鲁迅先生的'宴会'呀……"

　　她把这布料抖动了一下，又反转地看了又看问着我：

　　"好不好？你喜欢不喜欢？"

　　"好！喜欢！"我怕她再发脾气，只好"顺水推舟"、"将计就计"，对于已成的"事实"作了让步。

213

"你猜猜，得多少钱？"

"猜不着——"

"七角五分钱，——我是从一家'大拍卖'的铺子里买到的这块绒布头。——起来，让我比量比量，看够不够？"

我机械地站了起来，一任她用这块布头儿在我的身前身后量来量去……这时我的心情也轻快一些了，自己想："谢谢上帝！她并没有把所余的几元钱全部花光，还足够几天生活费和车钱！"

她让我把身上的罩衫脱下来，又从皮箱里把我在哈尔滨夏天穿的一件俄国"高加索"式立领绣花的大衬衫找了出来，铺在床铺上，用那块方格的绒布比量了一番，而后竟自己拍起手来，还跳起了脚，高声地嚷叫着：

"足够啦！足够啦！"

"你知道，明天下午六点钟以前，我们必须到达那家豫菜馆！你让我像一个印度人似的披着这块布头儿去当'礼服'穿吗？"我"一本正经"地宣说着。

"傻家伙！我怎么能够让你当'印度人'呢？你等着瞧罢，在明天下午五点钟以前，我必定让你穿上一件新'礼服'去赴鲁迅先生的宴会！——要显显我的'神针'手艺！"

原来就没有阳光的亭子间里，此刻早就昏暗下来了，在一盏高悬的二十五度的昏黄的电灯下，她开始了剪裁的工作……

第二天一清早，天还没有完全明亮，她就起了床，开始缝纫起来……

我虽然是很知道她缝纫的本领和速度，但在不足一天的、几个钟头以内要一针一针地缝制起一件样式又较复杂的衬衫来，我对她是没有充分"信心"，也不抱希望的。

她几乎是不吃、不喝、不停、不休地在缝制着，只见她那美丽的、纤细的手指不停地在上下穿动着……她再也不和我讲话了……

果然，在不到下午五点钟以前，她竟把一件新"礼服"全部缝制完工。这是仿造我那件高加索式立领、套头、掩襟的大衬衣制成的，只是袖口是束缩起来的，再就是没有绣上花边儿。她命令着我：

萧红在青岛

"过来！试试看。"

我顺从地穿上了我的新"礼服"，使我惊讶和佩服的不仅仅是缝制的速度这般快，而且穿起来竟是完全合身和舒适……

"把小皮带扎起来！围上这块绸围巾！"

我一切照办了。

"走开，远一些，让我看一看……"

我像一个听从"口令"的兵似的，走到屋角方向去，又像一个兵似的机械地转过身子来，也像一个兵似的用了严格的立正姿势，完全按照《步兵操典》规定："两脚跟并拢，两脚尖向外离开约六十度。两手下垂。头宜正，颈宜直，两眼张开，向前平视……"地望向了她。她先是从正面，而后从侧面、从后面……把我观摩了一转，而后又回到她原来站过的地方，向我注视、观望着……忽然我们的四条视线相遇了……她竟像一只麻雀似的跳跃着扑向我的身前来……我们紧紧地、企图要把对方消灭了似的……相互地拥抱得几乎是要溶解成为一体了……

我们那时的物质生活虽然是穷困的，但在爱情生活方面，却是充实而饱满的啊！①

1979年，萧军回忆这段经历时，已经过去了四十多年，萧军怀着复

① 萧军著：《我们应邀参加鲁迅先生的宴会》，第102页，北京：东方出版社，2011年版。

上海大陆新村鲁迅故居

鲁迅故里入口的版画

杂的心情，追忆过去的事情。

萧迅先生的邀请二萧去参加宴会，对于他们无疑是巨大的奖赏。二萧特意跑到法租界里的万氏照相馆，留下那张具有历史意义的照片。

萧军穿着萧红缝制的黑白方格的衣服，而她却身着一件蓝色衣裳。萧红自打见到鲁迅以后，一直处于快乐之中。她觉得天地都发生变化，摄影师摁动快门前，她从道具箱里找出一只烟斗，做出吸烟的样子。

萧军在《萧红书简》里，解读了他脖子上系的米黄色的围巾，在上面还有一行用暗绿色丝线绣的NHonra字母。1934年，他们逃出哈尔滨时，是教他们俄文的一位俄国姑娘绣的，以作为他们的纪念。这张照片让我结识了萧红，并且几十年的喜爱没有改变。照片中的萧红眼睛清亮而纯真，在他们绝望的时候，是鲁迅擎着一盏明亮的灯，驱散眼前的黑暗，给他们一线光明。照片中的萧红是快乐的，和鲁迅先生的相识，从此改变他们一生的命运。二萧目视前方，萧红的目光中多了一份女性柔情，她终于找到"爱"，这是一种复杂的爱，其中即有坚强的父爱，也有温暖的母爱。两种爱交杂在一起，形成特殊的爱，点起她沉闷的人生。林洁敏在研究中说：

萧红曾经当面问鲁迅："你对青年们的感情，是父性的呢？还是母性的。"鲁迅沉吟片刻，慢慢地说："我想，我对青年的态度，是'母性'的吧！"当然，鲁迅深知对青年不能一概而论。对于那些对自己先利用后打杀的青年，对于那些投官告密、当友人脖子套上了绞索还要垫其双脚的青年，对于那些少年老成、城府颇深或哇啦哇啦谈口号、发空论的青年，鲁迅是存有戒备之心的。但他对青年的群体却寄予了无限的希望和厚爱。对于萧红的关怀和提携，就是鲁迅扶持青年、培养青年的一个生动呈例。

不过，在鲁迅接触的青年中，鲁迅给予萧红"母性"的爱又似乎更多一些。有一位研究者是这样描述的："随着青年流亡者萧红的到来，他的孤寂已久的心地，仿佛有了一次融雪。她像他一样，过早地蒙受了婚姻的创伤。
而且病肺，身心严重受
损。对于无法返回的故
园，两人都怀着热烈而
沉郁的乡土情感；他们
的小说，诗一般地散发
着大地的苦难气息。"
此外，"同样的喜爱美
术，对美特别敏感。这
样，他们之间就有了更
多的共同语言。"萧红
与鲁迅之间的确存在着
上述共同点。但笔者感
到，鲁迅之所以对萧红
和萧军既敞开门扉又慷
慨相助，不仅因为他
们是北方来的不甘做奴
隶者，而且跟他们的"稚
气"和"野气"，同时也
使鲁迅恢复了青年乃至于
儿童的心态。这有他的书
信为证。①

218

鲁迅先生

鲁迅先生给二萧的第一封信

萧红是一个作家，自
由和快乐对于她，不仅是
指不被人束缚的状态，更
多的是情感的自由。在鲁

①林敏洁著：《生死场中的跋涉者——萧红文学研究》，第190页，北京：人民文学出
版社，2011年版。

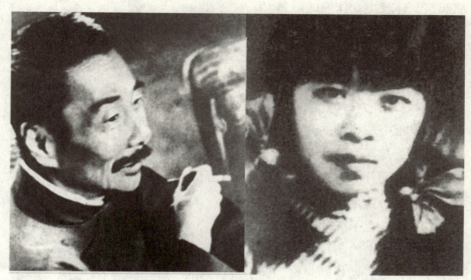

鲁迅先生与萧红

鲁迅上海故居内景

迅面前她恢复女孩子的天性，她对生活的细腻观察，体现出女作家的敏感。

萧红每次来到鲁迅先生的家中，记住每一处的细节，她看到一个花瓶，记忆中好像在一个画上，所见到的外国女人用来取水的瓶子，灰蓝色的调子，"有点从瓷釉而自然堆起的纹痕，瓶口的两边，还有两个瓶耳，瓶里种的是几棵万年青。"

鲁迅先生一家

萧红看到万年青，她这个在北方长大的女孩，感觉奇怪地问："这叫什么名字？屋里不生火炉，也不冻死？"

萧红印象中的第一次刻骨铭心，冬天寒冷的季节，接近黄昏的时候，她走进鲁迅的家中，光线不是很充足，"同时鲁迅先生的纸烟，当它离开嘴边而停在桌角的地方，那烟纹的疮痕一直升腾到他有一些白丝的发梢那么高。而且再升腾就看不见了。"

萧红与鲁迅夫人许广平

"这花，叫'万年青'，永久这样！"鲁迅先生坐在一边，在花瓶旁边的烟灰盒中，弹掉烟上的灰烬，突然间烟头的火越红了，犹如一朵绽开的小红花，离鲁迅先生的袖口很近。

"这花不怕冻？"万年青触动萧红的乡思，过不了多久，萧红又问过类似的问题，但她记不住具体的时间了。

"不怕的，最耐久！"许广平先生把瓶口扳了一下角度让她看，并热情地说。

萧红在鲁迅家门前的台阶上

萧红注意瓶底边，有一些圆润石子，从此以后，萧红走进鲁迅的家，熟悉家中东西的摆设位置。她热爱上这

鲁迅先生墓地

个家，一个漂泊者，很早就少了爱的呵护，如今终于找到家的感觉，她对于这种感情是多么看重。鲁迅先生不仅生活上关照二萧，在文学上的扶持，是他们一生受用不尽的。萧红拿自己当做家庭中的一员，随意地动手看过一两次花瓶，花瓶摆在客厅一角的"黑色长桌上"。萧红家乡的这个季节，正是北风咆哮，大雪纷飞的时候，一场雪掩盖城市的一切。树落光了叶子结满树挂，很少见到绿色的影子。萧红从小在后花园里玩耍，对于四季里都不凋零的万年青，有特殊的情感。

在萧红走上文坛以及后来成长与发展的道路上，鲁迅的影响无疑是巨大的，无法忽视的。对此，很早就写出了《萧红传》的肖凤女士在其创作谈里有过生动的表述："可以毫不夸张地说，如果没有鲁迅先生的帮助和提携，萧红就不可能成为二十世纪三十年代著名的女作家……他对萧红的关怀和培养，可以算是中国现代文学史上动人心弦的一幕。有谁为了出版无名青年的新著，在重病之中放下自己手中的译作，看初稿，改错字，把段落移前移后，向报刊推荐，遇到挫折之后安慰她，最后自己出钱，寻找印刷的场所，并亲自写序言推荐介绍呢？有谁为了使她在亭子里安心写作，频频地给予精神上的鼓舞与精神上的接济呢？……'没有鲁迅就没有萧红。'"

由于存在这种特定的背景，萧红视鲁迅为精神与文学之父，在人格上敬仰他，在情感上亲近他，尤其是在创作上学习他，追随他，继承他，实在是天经地义、顺理成章的事情。正如王安忆在首届萧红文学奖获奖感言里所说："萧红领了鲁迅先生的灯，穿行在她漂泊的人生里……"然而，值得关注和称赞的是，面对鲁迅极其丰厚的文学遗产，萧红所表现出的学习、追随与继承，并不是在题材、手法和语言层面的简单照搬或机械模仿，而是重在领会鲁迅的文学观点和创作主张，并结合自己的生活体验，将其融入文学实践，化为潜在的营养和力量，最终支撑起笔下个性化的和富有创造性的艺术追求。[1]

---

[1] 古耜著：《萧红：除了天赋，还有什么？》《书屋》，第50页，2012年第7期。

许广平、萧红、萧军、周海婴在鲁迅先生墓前。

　　评论家古耜文章的标题，选用了"除了天赋"，"还有什么？"打开另一个视角，对萧红创作的一生，有自己独特的解读方法。更多的人是在沿着萧红的物质生命，寻找她遗落的线索，很少有人走进她心灵的世界，发现心理变化对文学的影响。

　　而现在这"万年青"依旧活着，每次到许先生家去，看到那花仍站在那黑色的长桌子上，有时站在鲁迅先生照片的前面。

　　花瓶换成了一个玻璃瓶，淡黄色的须根竖在瓶底。

　　萧红找寻家的温暖，时常和许师母一起叙说，这是她幸福的时候。一面谈论什么，观察家中的所有的花草，是否有叶子黄了，是否剪一下枝。如果缺水的植物，应该洒一点水。许师母是家中的顶梁柱，从清晨睁开眼睛，到关灯落枕睡觉闲不住，不停地找活干变成她的习惯。有时许师母察看"万年青"，经常和萧红谈起鲁迅先生的一生经历。

224

　　鲁迅先生逝世以后，他喜欢的花瓶，带着家的气息，陪伴他来到墓地。"至于那花瓶呢？站在墓地的青草上面去了，而且瓶底已经丢失，虽然丢失了也就让它空空地站在墓边。我所看到的是从春天一直站到秋天；它一直站到邻旁墓头的石榴树开了花而后结成了石榴。"

　　萧红说自从日本人开炮以后，战火燃烧着这座城市，人们为了活下去，四处奔波保命。只有许先生不惜体力，不顾生命的安危，绕道去墓地，看孤独中的鲁迅先生，别人就很少去祭拜过。萧红的思念变作一只只

萧红写的《回忆鲁迅先生》

文字的鸟儿，越过寂寞的天空，飞到鲁迅的身边。萧红的叙述看似平淡，读后让人疼得绝望。她说"当然那墓草是长得很高了，而且荒

呼兰河的女儿

鲁迅纪念馆

了，还说什么花瓶，恐怕鲁迅先生的瓷半身像也要被荒了的草埋没到他的胸口。"

　　活着的人，能为鲁迅先生做些什么呢？写一些纪念的文章，倾吐心中不尽的思念，但又有谁会去清扫墓上的荒草？萧红不是发牢骚，而是痛苦的心，淌出怀念的血汁。萧红的远去，又是一段漂泊的开始，无论走出多远，墓地上的荒草在心灵上蔓延，她会永远的记住。

主要参考文献

1. 叶君著：《萧红图传》，广州：广东教育出版社，2010年版。

2.【德】赫塔·米勒著：《呼吸秋千》，南京：江苏人民出版社，2010年版。

3. 萧红著：《萧红自述》，郑州：大象出版社，2004年版。

4.张毓茂著：《萧军传》，重庆：重庆出版社，1992年版。

5. 萧红著：《萧红散文》，呼尔贝尔：内蒙古文化出版社，2006年版。

6. 孙茂山主编：《萧红身世考》，哈尔滨：哈尔滨出版社，2003年版。

7. 黄晓娟著：《雪中芭蕉》，北京：中央编译出版社，2003年版。

8.林贤治著：《漂泊者萧红》，北京：人民文学出版社，2009年版。

9. 孙茂山主编：《萧红身世考》，哈尔滨：哈尔滨出版社，2003年版。

10.【美】葛浩文著：《萧红传》，上海：复旦大学出版社，2011年版。

11.【德】狄尔泰著：《历史中的意义》，南京：译林出版社，2011年版。

12. 王观泉编著：《怀念萧红》，北京：东方出版社，2011年版。

13. 骆宾基著：《萧红小传》，哈尔滨：黑龙江人民出版社，1981年版。

14. 萧军著：《为了爱的缘故——萧红书简辑存注释录》，北京：金城出版社，2011年版。

15. 刘乃翘著：《萧红印象——呼兰河女儿影像传》，哈尔滨：哈尔滨工业大学出版社，2011年版。

16.【美】埃里希·弗罗姆著：《逃避自由》，北京：国际文化出版公司，2007年版。

17.【美】埃里希·弗罗姆著：《爱的艺术》，北京：光明日报出版社，2006年版。

18. 林敏洁著：《生死场中的跋涉者——萧红女性文学研究》，北京：人民文学出版社，2011年版。

19. 王小妮著：《人鸟低飞》，长春：长春出版社，1995年版。

一则读书笔记（代后记）

重读《呼兰河传》是在黄昏，浓重的暮色，使城市里的灯亮起来了。"这个时候，一个人居然回忆过去，回忆到一个死去的人，在自己未尝不是一种凄凉吧！"

很多年前，我意外地得到这本发黄的书，夜晚躲在昏暗的灯下读。年轻时理解不了苦难两字的意义，也不需要理解，只知道萧红是东北女作家，感觉特别亲切。火墙烧得热乎乎的，窗外雪花纷纷飞扬，落了一层厚雪，清晨起来扫雪，想到萧红美丽的名字，我的文学梦，也许从那时开始。

鲁北平原挤满清寒，很少有晴朗的日子，入冬以来还未下过一场雪。这几天我的情绪低落，年根了，对新一年的到来，将要发生什么，一片茫然。在弥漫暮色的房间，从书架拿出《呼兰河传》，随着萧红的笔走向远方，沉浸在古老的小城。我有多种版本的萧红作品集，唯独喜欢旧版的《呼兰河传》，她让我有了美好的回忆。书写者对书的情感，尤其自己喜爱的作家无法用语言表达。萧红给了我那么多，文学的，人生的，爱的和恨的。在中国现代如林的作家中，一茬茬风起云涌一般，又像割倒的高粱棵消失了。很少有打动我心灵的人，萧红是其中一人。我们同是东北老乡，共同的经历是过早地离开生养自己的故乡。我是幸运的，不必像萧红一样，为了生存四处苦苦地奔走，尝尽人间冷暖。在那格子层的旧楼里，我有一间温馨的书房，无矢拉开窗帘，让阳光涌进。

年代这么久了，有许多人开始怀念你——萧红。

　　1942年1月24日，这一天，北中国的上空阴云浓重，冰雪封盖大地。后花园荒草萋萋，萧红躺在一家临时医院在与死神搏斗。风雨飘摇，短短的一生，阅尽人世间的苦难，不甘心就这样地走了。萧红再也无力，扛着求解放的大旗与世抗争。当她的目光摇向北方，祖父的笑声又给萧红多少安慰？她惦记童年的呼兰河，小城里喜怒哀乐的百姓们。饥饿、贫困、战乱，还有病痛折磨萧红，《生死场》《商市街》《呼兰河传》给中国的文学增添多少光彩。有些人活着如同死去，有些人死去如同活着，萧红的精神是永恒的。

　　呼兰河在远方流淌。

　　古老的太阳照耀小城。

　　后园里的大小主人如今不在了，也就没有故事发生。萧红在灯红酒绿的广州城郊，远离红尘，听着心灵中流淌的呼兰河的水声，是一种幸福，那是她血脉的源头。

　　这样的季节读《呼兰河传》，写一点文字纪念萧红，也是我的心愿。

高维生

2009年9月